SPIノートの会 編著

テストセンター・SPI3-G対応

これが 本当の

転職者用

SPI3だ!

改訂3版

JN051613

講談社

> # 最新バージョン「SPI3」対応
> # 転職志望者のためのSPI対策本
> ## の決定版!

転職者にもSPIが実施される!

近年、多くの企業で転職者の採用時にテストを実施するようになっています。よく使われているのは、「ＳＰＩ」という採用テストです。リクルートマネジメントソリューションズ社が作成、販売しており、日本で圧倒的なシェアを誇ります。

SPIの結果次第では選考を通過しないこともあります。転職でもSPI対策が重要なのです。

転職者に実施されるSPIは新卒向けとは違う!

SPIには転職者用のテストがあります。それが「SPI-G」です。SPI-Gの出題内容は、新卒採用で実施される大学生向けのSPIとは異なります。転職を志す人は、SPI-Gの対策が必須です!

方式ごとの出題範囲を押さえた対策が必要!

SPIには、「テストセンター」「ペーパーテスト」など、複数の実施方式があります。現在、最も多く使われている方式は「テストセンター」です。出題範囲は方式ごとに違うので、これらの違いを押さえた対策が必要です。

本書を活用して、より良い転職を成功させてください!

本書の特徴

転職者に実施されるSPI-Gの対策問題集!

本書は、転職志望者に実施される「SPI-G」の対策問題集です。SPIの最新バージョン「SPI3」に完全対応しています。

転職を志す方のSPI対策書として、最適な一冊です!

※本書は、『転職者用SPI3攻略問題集　改訂2版』を改訂のうえ、『これが本当の転職者用SPI3だ!　改訂3版』と改題しました。次ページの枠内の改訂内容以外の基本的な解説内容は、『転職者用SPI3攻略問題集　改訂2版』と同じです。

テストセンター、ペーパーテストに対応!

SPIは会場のパソコンで受ける「テストセンター」や「ペーパーテスト」など、複数の方式があるテストです。問題の体裁や出題範囲は、方式によって異なります。本書は、方式ごとの出題範囲を一覧で掲載。どの方式でどの分野の問題が出題されやすいのかがすぐわかります。

SPIの出題傾向を踏まえた問題を頻出度順で掲載!

SPIの出題傾向を踏まえた問題を多数掲載。頻出度の高さと学習効率を考えた構成を実現しました。本書の目次順に学習を進めていけば、効率のよい対策ができます。

実際の出題範囲、出題内容を忠実に再現！

実際に受検した転職志望の皆さんから寄せられた報告に基づき、問題を高い精度で再現しています。本書で対策をしておけば、本番で確実な手応えが得られるでしょう。

手早く解ける解法を掲載！

SPI-Gでは、短時間で大量の問題を解くことが求められます。本書では、手早く解ける解法を掲載。短時間で正確に解く練習ができます。

性格検査の解説も掲載。報告書のリニューアルに対応！

SPI3の性格検査に完全対応。また、2018年1月に行われた報告書のリニューアルに対応しています。

見やすさ最優先のレイアウト構成！

すべての項目で見開き完結のレイアウトを実現。いつでもどこでも学習できます。図を使用した解説で、苦手な分野もすぐに理解できます。

『これが本当の転職者用SPI3だ！　改訂3版』の改訂内容

・**非言語問題を増問**
　推論（並び順）、図表の読み取り、集合の問題を増問しました。

・**WEBテスティングの問題例を増問**
　言語・非言語の問題を増問しました。

1章
SPIとは？ ————————————————————— 7

2章
SPI-G・非言語 ——————————————— 35

3章
SPI-G・言語

4章

SPI-G・性格 —————— 239

5章

その他の転職者用・採用テスト — 253

2〜3章は、出題頻度順（出る順）・学習効率の高い順に構成しています。

1章

SPI
とは?

SPIの概要

基礎能力検査と性格検査

SPIは基礎能力検査と性格検査で構成されています。基礎能力検査では言語（国語に相当）、非言語（数学に相当）などが出題されます。

専用会場で受ける「テストセンター」が主流

もともとSPIはペーパーテストだけで実施されていましたが、現在では専用会場のパソコンで受ける「テストセンター」など、複数の受検方式があります。現在、最も使われている方式は、「テストセンター」です。

SPIの実施方式と受検者数の割合

	実施方式	方式の説明	受検者数の割合
パソコン	テストセンター	専用会場のパソコンで受ける	65%
	WEBテスティング	自宅のパソコンで受ける	20%
	インハウスCBT	企業内のパソコンで受ける ※WEBテスティングとほぼ同じテストが実施される	1%
紙	ペーパーテスト	マークシートを企業内などで受ける	14%

※受検者数の割合は「リクナビ2015」内の「SPI3公式ガイド」に公表されていたデータを元に作成

テストセンターの受検者数はその他の方式の受検者数を圧倒しています。SPI対策の主流はテストセンターといえます。

最新バージョンは「SPI3」

SPIには「2」や「3」といったバージョンがあります。現在、実施されているのは、最新バージョンの「SPI3」です。

・「2」と「3」では、言語、非言語の基礎能力検査はどちらもほぼ同じです。

・テストセンターでは、予約時に自宅のパソコンなどで性格検査を受けます（「2」までは会場で受検）。また、性格検査の診断項目も増えています。

合格ラインは企業によって違う

基礎能力検査の合格ラインは、企業によってかなり異なるのが実情です。何割を正解すれば通過とは一概に言えません。**点数は高いに越したことはないと考えて、高得点を狙いましょう。面接官の心証も良くなります。**

また、基礎能力検査の各科目で偏りがないように得点するのが理想的です。言語と非言語のどちらかが極端に苦手な人は、苦手なほうを優先して対策しましょう。

性格検査も大事

SPIの性格検査は、企業の風土や職務内容に、受検者がどの程度、適しているかを客観的に診断するための検査です。SPI対策をするときは、性格検査についてもきちんと理解しておくことが大事です。

転職者用SPIとは？

SPIの種類

種類 (基礎能力検査のみの名称)		対象	受検方式			備考
			テスト センター	ペーパー テスト	WEBテスティング/ インハウスCBT	
総合的なテスト	SPI-U(GAT-U)	大学生	○	○	○	大学生の採用で使われる ※SPIで最も多く使われている種類
	SPI-G(GAT-G)	一般企業人	○	○	○	中途採用で使われる
	SPI-H(GAT-H)	高校生	○	○	○	高校生の採用で使われる
短縮版・専門テスト	SPI-A(GAT-A)	大学生		○		SPI-Uの短縮版
	SPI-B(GAT-B)	大学生		○		研究開発職・SE採用で使われる
	SPI-R(RCA)	大学生　短大生		○		一般職採用で使われる
	SPI-N(NCA)	短大生　高校生		○		一般職・事務職・技能職採用で使われる

※本表は、リクルートマネジメントソリューションズが公表している情報を参考に作成しました。
※このほか、テストセンターでは以下のオプション検査があります。
　英語検査（ENG）：SPI-U、SPI-Gのみ対象（約20分）　構造的把握力検査：SPI-Uのみ対象（約20分）
※英語検査（ENG）にはペーパーテスト版もあります。

転職者に実施されるのは「SPI-G」か「SPI-U」

　転職者に通常実施されるのは、一般企業人が対象の「SPI-G」です。転職を志すときに、まず対策すべきテストです。

　次に対策すべきなのは「SPI-U」です。本来は大学生用のテストですが、企業によっては転職者にも実施することがあります。特に、「第2新卒」と呼ばれる社会人経験の短い人材を対象とした選考では「SPI-U」を実施することがあるようです。

なお、本書は一般企業人対象の「SPI-G」のテストセンターとペーパーテストに絞って対策します。

※ WEBテスティングについては20ページで紹介します。また、SPI-Uの対策については30ページで対策書を紹介します。

オプションで英語検査が実施されることがある

テストセンターとペーパーテストでは、英語検査（ENG）が実施されることがあります。実施の有無は企業によって違います。

企業に出向いて受けるときはペーパーテストが多い

SPIのペーパーテストはマークシートと冊子で受ける方式です。応募先の企業に出向いてSPIを受けるときは、この方式が実施されることが多いようです。

SPIのペーパーテストでは、冊子に種類が略記されています。自分が受けるテストがSPIかどうか知りたいときは、裏表紙左下を見てください。「SP3G」または「GG」とあればSPI-Gです（GGは基礎能力検査のみの表記）。

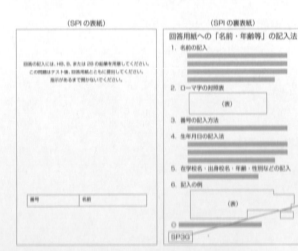

（SPIの表紙）

回答の記入には、HB、B、または2Bの鉛筆を用意してください。
この問題はテスト冊子、回答用紙ともに提出してください。
指示があるまで開かないでください。

番号　　名前

（SPIの裏表紙）

回答用紙への「名前・年齢等」の記入法

1. 名前の記入

2. ローマ字の対照表
（表）

3. 番号の記入方法

4. 生年月日の記入法

5. 在学校名・出身校名・年齢・性別などの記入

6. 記入の例
（表）

SP3G

テストの種類の表記
SP3Gは「SPI3-G」のこと
※SPI-Uの場合、「SP3U」「GU」と表記

テストセンターとは?

パソコンで受けるSPI

テストセンターは、SPIで最も実施されている方式です。テスト会社が用意した会場に出向いて、パソコンで受けます。応募先の企業から、日時を予約してテストセンターでSPIを受けるよう指示があったときは、この形式です。

【テストセンターの構成】

●性格検査（所要時間：約30分）

テストセンターの受検予約時に、自宅のパソコンなどで受検します。

●基礎能力検査（所要時間：約35分）

同じ時間内に言語と非言語が実施されます。会場のパソコンで受検。

●英語検査（ENG）（所要時間：約20分）

基礎能力検査に引き続いて実施。実施の有無は企業により異なります。

最初にこれだけ知っておこう

●受検者ひとりずつ出題内容が異なる

テストセンターでは、受検者ごとに異なる問題が出題されます。また、回答の状況に応じて、難易度や出題数が変化します。

●ペーパーテストなど他の方式とは出題範囲が違う

●受検結果を他の企業に使い回せる

　他の企業でテストセンターの受検を求められたとき、1年以内であれば、前回受検した結果を使い回すことができます。

●持ち込みに制限があり、持参の筆記用具などは使えない

　メモ用紙と筆記用具は会場で貸し出されます。

テストセンターの受検画面

　テストセンターでは、問題がパソコンの画面に1問ずつ表示されます。2問1組などの「組問題」のときは、1組ずつ表示されます。

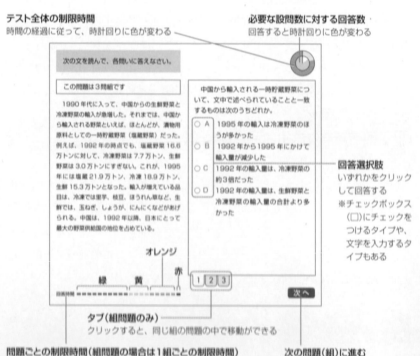

テスト全体の制限時間
時間の経過に従って、時計回りに色が変わる

必要な設問数に対する回答数
回答すると時計回りに色が変わる

回答選択肢
いずれかをクリックして回答する
※チェックボックス（□）にチェックをつけるタイプや、文字を入力するタイプもある

タブ（組問題のみ）
クリックすると、同じ組の問題の中で移動ができる

問題ごとの制限時間（組問題の場合は1組ごとの制限時間）
時間の経過に従って、色が緑→黄→オレンジ→赤と変化する
緑：標準的な回答時間
黄：やや遅れ気味の回答時間
オレンジ：遅れ気味の回答時間。まもなく制限時間
赤：制限時間終了。赤の表示になると、未回答でも自動的に次の問題へ進む

次の問題（組）に進む
進んだ後は、前の問題へは戻れない

テストセンターの特徴

受検者ひとりずつ出題内容が異なる

テストセンターでは、受検者ごとに異なる問題が出題されます。また、回答の状況に応じて、難易度や出題数が変化します。テスト開始時点で全部の出題内容と出題数がわかるペーパーテストとは、まったく違います。

こうしたしくみに不安を感じるかもしれませんが、落ち着いて1問ずつ取り組みましょう。大切なのは、正確で素早い回答を常に心がけることです。

他の方式とは出題範囲が違う

SPIの基礎能力検査は、どの方式を受検しても測定結果に大きな差異が出ないように作られています。ただし、実際の出題範囲や問題には違いがあります。これは、パソコンや紙といったメディアの違い、また会場受検や自宅受検といった環境の違いなどを反映しているためです。この実態を理解した上で、方式ごとに出題範囲を把握して対策を進めましょう。

受検結果を他の企業に使い回せる

テストセンターは一度受検してしまえば、次に他の企業から受検を求められたときに、前回の受検結果を使い回すことができます。使い回せる期間は1年間です。

　使い回しは受検者にとってメリットのあるシステムですが、「得点は受検者に通知されない」「合格ラインは企業ごとに違う」など、注意点があります。これらのしくみを理解したうえで、効果的に使い回しをしましょう。

使い回すときは「でき具合」を推測する

　テストセンターの予約サイトにアクセスすると、いつ、どんな検査を受検したかを見ることができますが、得点は受検者に知らされません。問題の難易度も出題数も受検者によって異なるので、何割くらいの得点がとれたかという感覚がつかみにくくなっています。

　つまり、おおよその「でき具合」を推測して、「よくできた」と感じたら使い回すという主観的な判断しかできないのです。対策としては、出題された問題を、覚えているうちに記録しておきましょう。自己採点することで、でき具合を推測しやすくなります。また、解けなかった問題は、次回までに解けるようにしておきましょう。こうすることで、次回の受検では、より高得点を狙うことができます。

　なお、同じ結果を送信しても、合否は企業によって違います。受検結果を使い回すかどうかは慎重に判断しましょう。

テストセンターの英語検査（ENG）

　テストセンターには英語検査がありますが、オプションで、実施の有無は企業によって異なります。今のところ実施する企業はそれほど多くありません。しかし、今後は実施企業が今よりも増える可能性はあるでしょう。

　なお、これから受けるテストセンターに英語検査が含まれるかどうかは、受検予約をするときにわかります。

テストセンター 受検のながれ

受検予約はパソコンかスマートフォンで

テストセンターの受検予約は、受検者自身が行います。

志望企業からの受検案内のメールが届く。テストセンターの予約サイトのURL（リンク）が記されている。

受検者は、パソコン、またはスマートフォンを使って予約サイトにアクセスする。都合の良い日時と会場を選んで予約する。
※前回の受検結果の使い回しも、このサイトから行える
※英語検査（ENG）がある場合、ここでわかる

続いて、性格検査を受検する。
※性格検査は後から受けることもできる。ただし予約操作した日の27時（翌日の午前3時）までに受検を済ませることが必要
※前回の性格検査の結果を使い回すときは、受検しない

性格検査の受検が終わると、受検予約が完了する。
受検予約の完了確認画面か、受検予約完了のメールを印刷したものが、「受検票」となる。
※何らかの事情で印刷できないときは、受検予約完了の画面、またはメールをメモ書きしたものでも可。詳しくは画面またはメールをよく読むこと

性格検査の受検が終わった時点で予約が完了する

　テストセンターを受検するときは、会場と日時の予約に続いて、性格検査の受検をします。受検が終了すると、予約が完了します。

※受検予約のときに性格検査の受検をせず、後から受検することもできます。ただし、予約操作した日の27時（翌日の午前3時）までに受検を済ませないと、テストセンターの予約は無効になります。

予約変更したいとき

　受検の日時や会場は、テストセンターの予約サイトから変更や取り消しができます。予約を取り消して、前回の受検結果を使い回すように変更するといったことも可能です。

　ただし、変更や取り消しができるのは、当日の受検開始時間の1時間前までです。それ以降は、予約の変更や取り消しができません。

　安全策をとって、予約の変更や取り消しは、できれば前日までに済ませておくと安心でしょう。

※予約を取り消して前回の受検結果を使い回す場合、性格検査は予約時に受検した結果が送られます。また、同じ企業で改めて予約し直した場合、性格検査を再度受検する必要はありません。

受検当日は身分証明書と受検票を忘れずに

　当日に必要なものは、本人確認のための身分証明書（顔写真付きの学生証、運転免許証、パスポートなど）と、受検票です。この2点を忘れると受検ができないので、注意してください。

服装は自由、メモ用紙と筆記具は貸し出し

　テストセンター受検時の服装は自由です。スーツでも私服でもかまいません。テストセンターを運営しているのはテスト会社であり、応募企業の担当者は、受検会場にはいません。

　受検時には持参した筆記用具などは使えません。代わりに、会場でメモ用紙と筆記用具が貸し出されます。

受検したあとは、合否連絡を待つだけ

　受検が終了すると、採点された結果が、応募企業に送られます。あとは、企業からの合否連絡を待つだけです。

テストセンター対策法！

　テストセンターの一番重要な対策は、手早く正確に解いて、なるべく多くの問題に正解することです。そのための対策を以下にまとめました。

１．配付されるメモ用紙を活用する
　　画面上の問題から、ポイントとなるキーワードや数値をメモ用紙に抜き出して整理すると、解きやすくなります。

２．筆算のスピードを上げる
　　テストセンターでは電卓が使用できません。非言語では筆算のスピードが重要です。筆算に慣れるため、本書の問題は、電卓を使わず筆算で解いてください。

3. 選択肢のいずれかをクリックしてから考える

テストセンターでは、問題ごとに制限時間があります。問題を考えている間に制限時間を過ぎてしまい、未回答のまま次の問題へ進んでしまったという事態を避けるため、選択肢のいずれかをクリックしてから、問題を解き始めましょう。

4. わからない問題でも、未回答にはしない

テストセンターでは、誤謬率（回答のうちの間違いの割合）は測定されません。自信がない問題でも、必ず答えを選ぶようにしましょう。

5. 制限時間を意識しながら解く

回答時間の表示を見ながら、上手に時間配分して問題を解きましょう。

6. わからない問題に時間を使いすぎない

テストセンターでは回答速度が重要です。わからない問題に時間を使いすぎることは避け、あたりをつけて答えを選び、次に進みましょう。

自宅で受検するSPI WEBテスティング

自宅で受検するSPI

　WEBテスティングは、SPIの自宅受検型Webテストです。テストセンターがテスト会社の用意した会場に出向いて受けるのに対して、WEBテスティングは自分の都合のよい場所で受検ができます。応募先の企業から、自宅などのパソコンでSPIを受けるよう指示があったときは、この方式です。

※2021年、WEBテスティングにオンライン監視のオプションが登場しています（31ページ参照）。

WEBテスティングの画面

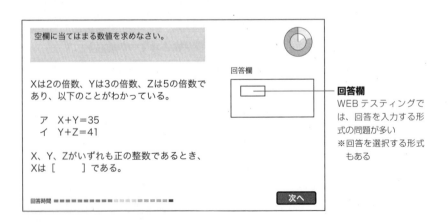

空欄に当てはまる数値を求めなさい。

Xは2の倍数、Yは3の倍数、Zは5の倍数であり、以下のことがわかっている。

　ア　X＋Y＝35
　イ　Y＋Z＝41

X、Y、Zがいずれも正の整数であるとき、
Xは［　　　　］である。

回答時間

次へ

回答欄

回答欄
WEBテスティングでは、回答を入力する形式の問題が多い
※回答を選択する形式もある

WEBテスティングの画面はテストセンターによく似ています。検査全体の制限時間のほかに問題ごとの制限時間があるしくみも同じです。

テストセンターとの違い

・電卓の使用が前提

テストセンターは筆算前提ですが、WEBテスティングでは電卓の使用が前提です。電卓を使いこなすことが求められます。

・出題範囲

テストセンターとWEBテスティングは出題範囲に違いがあります。

・入力形式の問題が多い

WEBテスティングでは入力形式の問題が出題されます。特に非言語ではほとんどがこの形式です。テストセンターでも入力形式の問題が出題されますが、WEBテスティングほど多くはありません。

SPI3のインハウスCBTは、WEBテスティングとほぼ同じ

SPI3のインハウスCBTでは、WEBテスティングとほぼ同じ問題が出題されることが報告されています。WEBテスティングの対策は、SPI3のインハウスCBTの対策にもなります。

【新型コロナウイルス感染症の影響で、WEBテスティングに変更する動きも】
2020年以降の採用では、新型コロナウイルス感染症の影響のため、例年SPIのテストセンターやペーパーテストを実施している企業で、WEBテスティングに変更する動きが見られます。WEBテスティングの対策もしておきましょう。
●対策は➡『これが本当のWebテストだ！③』（講談社）

WEBテスティングの問題例

非言語の問題例

　WEBテスティングの非言語では、推論や図表の読み取り、集合、順列・組み合わせ、確率、損益算、割合・比、速さなどペーパーテストやテストセンターと同じ分野と、独自分野（整数の推測）が出題されます。推論には、条件から数値を算出するタイプと、答えが決まる条件を選ぶタイプがあります。

問題例

(1)　4つの正の整数がある。4つの数の積は60で、和は13である。このとき、4つの数のうちで最も大きい数は [　　　] である。　　　　　整数の推測

(2)　赤、白、黄のバラを合わせて21本買った。3色のバラの数について、以下のことがわかっている。　　　　　推論（条件から数値算出）
　　　ア　赤は黄の3倍の本数である　イ　白は黄より多く、赤より少ない
　　　このとき、白のバラは [　　　] 本である。

(3)　P、Q、Rの平均年齢は50歳である。次のア、イの情報のうち、どれがあれば「Pは何歳か」の答えがわかるか。　　　　　推論（答えが決まる条件）
　　　ア　PとQの平均年齢は50歳である
　　　イ　QとRの平均年齢は60歳である
　　　A　アだけでわかるが、イだけではわからない　　B　イだけでわかるが、アだけではわからない　　C　アとイの両方でわかるが、片方だけではわからない　　D　アだけでも、イだけでもわかる　　E　アとイの両方があってもわからない

（4） ある会社の社員200人に社員食堂の利用状況を聞いたところ、昼食も夕食も食べたことがある人は57人、どちらも食べたことがない人は38人だった。このとき、昼食または夕食のいずれか一方だけ食べたことがある人は[　　　]人である。　　　　集合

解説

（1） 60を素因数分解（60を2や3などの素数だけのかけ算式に）すると、「2×2×3×5」。式の中の数字がちょうど4つなので、試しに和を求めると「2＋2＋3＋5＝12」。13には1足りないので、かけ算式のうち「2×2」を「4×1」に変えると、4つの整数は「4、1、3、5」で、積は60、和は13とうまくいく。**最も大きい数は5。**

（2） アから、赤：黄は「3：1」。イから、白は黄より多いが、仮に同じ1として3つの比を足すと「3＋1＋1＝5」で、「21÷5＝4余り1」。余りは白の分だと考えて、黄が4本の場合を試すと、次のようにうまく成り立つ。

黄＝4本　　赤＝4本×3＝12本　　白＝4本＋1本＝5本　　合計21本
白のバラは5本。

（3） Pの年齢が、アとイの片方だけで決まるのかを考える（決まらなければ両方で考える）。アだけなら、PとQの年齢は「PもQも50歳」「Pは20歳でQは80歳」など、さまざまあり得る。Pの年齢は、アだけではわからない。イだけなら、QとRは、2人合わせて「60歳×2人＝120歳」。これをP、Q、Rの年齢の合計「50歳×3人＝150歳」から引けば、Pは30歳と決まる。Pの年齢は、イだけでわかる。**正解はB。**

（4） 社員200人から、「昼食も夕食も食べたことがある57人」と「どちらも食べたことがない38人」を引けば、残りが「昼食または夕食のいずれか一方だけ食べたことがある人」となる。「**200人－57人－38人＝105人**」。

問題例

(5) P社製のカメラとQ社製のカメラが2台ずつある。3人が1台ずつ使用して
1台は予備とする場合、だれがどちらの会社製のカメラを使用するかの組み
合わせは [　　　] 通りである。

順列・組み合わせ

(6) 3枚のコインを投げたとき、少なくとも1枚は裏が出る確率は
[　　　] ／ [　　　] である。約分した分数で答えなさい。

確率

(7) ある商品を定価の20%引きで売ると、定価の15%引きで売るときに比べ
て、利益が130円少なくなる。この商品の定価は [　　　] 円である。

損益算

(8) 3種類の飲料P、Q、Rにはカルシウムが含まれていて、この3本を飲む
と1日に必要な量のカルシウムが摂取できる。PにはQの2倍、QにはRの
1.8倍のカルシウムが含まれている。このとき、Pを1本飲むと1日に必要
なカルシウム量の [　　　] %が摂取できる（必要なときは、最後に小数点
以下第2位を四捨五入すること）。

割合・比

(9) ある遊歩道をPが45m/分の一定の速さで歩き始めてから10分後にQが一
定の速さで追いかけたところ、Qは30分歩いたところでPに追いついた。
このとき、Qの歩く速さは [　　　] m/分だった（必要なときは、最後に
小数点以下第1位を四捨五入すること）。

速さ

解説

(5) 予備も1人分として、4人のうち2人がP社製を選ぶ組み合わせを考える。
Q社製は、残りの人たちに自動的に決まる。

$$_4C_2 = \frac{\overset{2}{\cancel{4}} \times 3}{\underset{1}{\cancel{2}} \times 1} = 6\,通り$$

4人から　2人を選ぶ

※組み合わせの公式の説明は、132ページ参照

（6）「少なくとも1枚は裏が出る」のは、「3枚とも表が出る」以外すべての場合。「3枚とも表が出る」確率を求めて、確率の合計「1」から引けばよい。コインの表裏2通りのうち、表が出る確率は$\frac{1}{2}$。「1枚目が表」かつ「2枚目が表」かつ「3枚目が表」の確率なので、3つの確率をかけ算して「$\frac{1}{2} \times \frac{1}{2} \times \frac{1}{2} = \frac{1}{8}$」。これを1から引くと「$1 - \frac{1}{8} = \frac{7}{8}$」。答えは、[7]／[8]と2つの欄に分けて入力する。

（7）「定価の20％」と「定価の15％」の差は「20％－15％＝5％」。これが利益差の130円に相当する。定価の5％が130円なので、定価をxとすると「$x \times 0.05 = 130$円」が成り立つ。左辺の「$\times 0.05$」を、右辺に移項（$\div 0.05$になる）して「$x = 130$円$\div 0.05$」。右辺を計算すると、**定価は2600円**。

（8）Rを「1」とすると、QはRの1.8倍なので「1.8」。PはQの2倍なので「$1.8 \times 2 = 3.6$」。よって、「P：Q：R」は「3.6：1.8：1」。P、Q、Rの比を足すと「$3.6 + 1.8 + 1 = 6.4$」で、これを1日に必要なカルシウムの量とする。Pはこのうち3.6なので「$3.6 \div 6.4 = 0.5625 = 56.25\%$」。小数点以下第2位を四捨五入すると、**56.3%**。

（9）Pが先行して歩いた10分間の距離は「45m／分×10分＝450m」。Qは450m差を30分で縮めたので「450m÷30分＝15m／分」だけPより速い。Pは45m／分だから、Qの速さは「45m／分＋15m／分＝**60m／分**」。

　※あるいは、Pが40分で歩いた距離「45m／分×（10分＋30分）＝1800m」を、Qは30分で歩いたので「1800m÷30分＝60m／分」と求めてもよい。

言語では、文の並べ換えや空欄補充、長文読解などペーパーテストやテストセンターと同じ分野と、独自分野（熟語の成り立ち）が出題されます。

問題例

（1） 文中のアからエの空欄に、AからDの語句を入れて文を完成させる場合、最も適切な組み合わせを答えなさい。 文の並べ換え

マラソンの名は紀元前5世紀ころ、

[ア] [イ] [ウ] [エ] きている。

A アテネ軍が撃退した　　B マラトンから

C ペルシャ軍の侵攻を　　D 地の名である

（2） 文中のア、イ、ウの空欄に入る最も適切な語をAからCの中から1つずつ選びなさい。ただし、それぞれの語は1ヵ所のみ用いるものとします。

掃除機、洗濯機といった家電製品は、家庭で掃除や洗濯を担う主婦の[ア] を軽減することを目的に [イ] された道具である。しかし、それらは単なる道具にとどまらず、人々の衛生観念や清潔に対する感覚を[ウ] させる存在にもなっていった。 空欄補充（適語）

A 変容　　B 開発　　C 負担

（3） AからEの中から最もつながりのよいものを1つずつ選び、以下の3つの文を完成させなさい。ただし、同じ選択肢は重複して使ってはいけません。

[1] [　　　　]、鑑賞者に雨の音を思い起こさせる。 空欄補充（三文完成）

[2] [　　　　]、音を表す熟語が日本語にはいくつもある。

[3] [　　　　]、音によって静けさを楽しめる装置のひとつである。

A 日本の伝統芸能では昔から音は重視されておらず

B 「潮がさしてくるときの波の音」と言わずに「潮騒」というように

C 歌川広重の「名所江戸百景」には夕立が描かれた絵があり

D 「古池や蛙とびこむ水の音」は音を詠んだ俳句として世界的に有名であり

E 竹筒に注いだ水の重みで筒を傾けて音を出す「ししおどし」は

（4）以下の5つの熟語の成り立ち方として当てはまるものを、AからDの中から
1つずつ選びなさい。 熟語の成り立ち

[1] 勤務 [2] 好悪 [3] 降車 [4] 海水 [5] 怠惰

A 似た意味を持つ漢字を重ねる B 反対の意味を持つ漢字を重ねる

C 動詞の後に目的語をおく D A〜Cのどれにも当てはまらない

解説

（1）「きている」につながるのは、Bの「マラトンから」だけ。[エ] に入る。
A、C、Dのつながりを考える。Dの「地の名である」から、次に地名が
くると推測できるが、Aの「アテネ軍」もCの「ペルシャ軍」も違う。D
を [ウ] に入れると「地の名であるマラトンから」と意味が通る。AとCは
[ウ] とのつながりから [ア] にC、[イ] にAが入る（C→A→D→B）。

（2）空欄の前後の「掃除や洗濯を担う主婦の」「を軽減」から、[ア] はCの「負
担」が適切。残りのAとBは、[イ] [ウ] に入れて文の意味が通るかどうか
で考える。正解は [イ] がBの「開発」、[ウ] がAの「変容」。

（3）[1] は、空欄の後ろに「雨の音」とある。選択肢で雨に関係することが述
べられているのはCだけ。[2] は、「音を表す熟語」から、「潮騒」の意味
を説明したBが入る。[3] は、「音によって静けさを楽しめる装置」から、
「ししおどし」を説明したEが入る。

（4）[1]「勤」「務」両方に「つとめる」という意味がある。A。[2]「好悪」
の意味は「すききらい」。B。[3]「降（りる）」は動詞、「車」は目的語。
C。[4]「海」が「水」を修飾する関係で、選択肢にはない。D。[5]
「怠」「惰」両方に「なまけること」という意味がある。A。

※言葉の定義は『大辞林第三版』（三省堂）から引用しました。

SPIの報告書とは？

受検結果は「報告書」として企業に届く

SPIを受検した結果は、「報告書」として応募企業に届きます。

SPIの報告書（例）

氏名・年齢	**「応答態度」欄**
基礎能力検査などの得点欄	**「性格特徴」欄** ※受検者の性格特徴を、「行動的側面」「意欲的側面」「情緒的側面」「社会関係的側面」に分けて表示
「職務適応性」欄 (新) **「組織適応性」欄** ※14の職務に関する適応性と、企業や配属部署の風土に関する適応性を表示	**「人物イメージ」欄**
コミュニケーション上の注意点 (新) ※受検者をタイプごとに分け、面接や選考でのコミュニケーション上の注意点を表示	**「チェックポイントと質問例」欄** (新) ※面接での確認ポイントと質問例を表示

性格検査の診断結果

（SPIノートの会調べ）

※（新）とある項目は、2018年1月のリニューアルで変更があった項目です。

※このほか、「ストレス分析報告書」などもあります。

●基礎能力検査などの得点欄

言語、非言語の基礎能力検査と、オプションの英語検査（ENG）の得点が表示されます。

●性格検査の診断結果

性格検査の結果から、受検者の職務や組織への適応性、どのような性格特徴があるかなどが表示されます。また、この結果をもとに人事担当が面接するときに確認すべきポイントや質問例、受検者とのコミュニケーション上の注意点などが表示されます。

※「応答態度」は、性格検査で矛盾する回答が多かった場合に、その旨が表示される欄です（詳しくは249ページを参照）。

能力と性格の両方で総合的に評価される

報告書には言語や非言語の得点が表示されますが、この得点の高低だけで合否が決まるわけではありません。SPIでは性格検査によって、職務や組織への適応性、人物イメージなどさまざまな切り口による診断が行われます。この結果は、その後の面接などの選考過程に大きく影響します。

企業にとってSPIは、その後の選考過程で、より詳しく受検者の人物面を確認するための資料づくりという側面があります。言語や非言語の対策はもちろん大事ですが、応募企業に自分を正しく伝えるためにも、性格検査を理解しておくことが大切です。本書の性格検査の解説（239ページ）には必ず目を通しておきましょう。

【報告書のリニューアルについて】
SPIの報告書は、2018年1月にリニューアルされました。リニューアル内容は主にレイアウトや項目名、面接の質問例などに関するものです。なお、今回のリニューアルで、能力検査や性格検査の出題内容に変更はありません。

さらなる得点アップのために!

　本書に掲載していない分野の問題や、さらに多くの問題に取り組みたい方は、SPIノートの会が刊行している以下の書籍をご参照ください。

● 『完全再現NMAT・JMAT攻略問題集』(講談社)

SPI-Gのペーパーテストは、リクルートマネジメントソリューションズ社製の中堅社員適性検査「JMAT」に酷似しています。そのJMATの再現問題と解説を掲載した対策問題集です。JMATの対策をすることで、ペーパーテストのSPI-G対策にもなります。

● 『これが本当のSPI3テストセンターだ!』(講談社)

大学生対象のSPI-Uを中心としたテストセンターの対策問題集です。テストセンターでは、SPI-GとSPI-Uとで似た傾向の問題が出題されるケースが多くあります。また、企業によっては転職者にもSPI-Uを実施することもあります。

※テストセンターの英語検査(ENG)の再現問題と解説も掲載。英語検査はSPI-UとSPI-Gとで同じテストが実施されます。テストセンターの英語対策はぜひ同書をお使いください。

● 『これが本当のSPI3だ！』（講談社）

SPIのテストセンター、ペーパーテスト、WEBテスティングの主要3方式の総合対策書です。大学生対象のSPI-Uを中心としています。

● 『これが本当のWebテストだ！③』（講談社）

大学生対象のSPI-Uを中心とした、WEBテスティングの再現問題と解説を掲載しています。SPI-GのWEBテスティング対策にも役立ちます。

【WEBテスティングに、オンライン監視のオプションが登場】

2021年、WEBテスティングにオンライン監視のオプションが登場しています。このオプションを導入した企業を受けるときは、受検前に、オンライン上で監督者が本人確認や持ち物検査などを行います。また、テスト開始後は、不正がないかを監視します。不正の兆候があったときは、監督者による注意や、受検の中断が行われます。

転職者用のSPI Q&A

Q：SPIでは国語や数学の難問が出る?

A：SPIの基礎能力検査では言語（国語に相当）、非言語（数学に相当）などが出題されますが、問われるのは、企業人として仕事を遂行するうえで必要な基礎能力です。特別な知識や専門的な能力を必要とする問題は出ません。本書を使ってきちんと対策をすれば、充分に解けるようになる問題ばかりです。

Q：SPIのどの方式の対策をすればよい?

A：応募先の企業からSPIのどの方式を実施するか知らされているときは、その方式の対策をします。わからないときは、複数の方式に対策しておきましょう。できれば主要3方式（テストセンター、ペーパーテスト、WEBテスティング）はすべて対策しておくと万全です。

Q：実際の出題内容が、SPIの問題集と違っていたら?

A：テストセンターやWebテストを受けて、「SPIの問題集で対策したのに、本番では問題集とはまったく違う問題ばかりが出題された」という人がいます。このような場合、そもそも受けたテストがSPIではなかったかもしれません。

現在、SPI以外にも複数の採用テスト会社が、独自のテストセンターやWebテストを実施しています。本書の「その他の転職者用・採用テスト」(253ページ)では代表的なテストを紹介しています。参考にしてください。

Q：テストセンターの手応えが悪かったので、受け直したい

A：テストセンターでは、同じ企業に対して受検できる回数は1回だけです。たとえ指定された期間内であっても、同じ企業に対して複数回受検することはできません。別の企業で新しくテストセンターの受検指示があったときだけ、改めてテストセンターを受検することができます。

Q：テストセンターの予約を変更したい

A：当日の1時間前までなら、予約を変更したり、取り消すことができます。受検開始1時間前までに「テストセンター予約サイト」にアクセスして、予約変更や取り消しを行ってください。

※予約変更は慎重に行いましょう。すでに予約がいっぱいになっているときは、希望通りの会場、日時で受検できないこともあります。

Q：外出先のトラブルでテストセンターの受検ができない場合は?

A：受検直前に、外出先で何らかのトラブルが起こってしまったときは、あわてずに「テストセンターヘルプデスク」に電話し、事情を説明しましょう。「テストセンターヘルプデスク」の電話番号は、受検予約完了のメール(印刷して受検票として持参するもの)に記載されています。

Q：身分証明書を忘れてもテストセンターの受検はできる?

A：テストセンターの受検には、受検票（予約完了確認メールを印刷したもの）と顔写真付きの身分証明書が必要です。身分証明書を忘れると原則として受検はできません。取りに帰るか、間に合わなければ「テストセンターヘルプデスク」または会場の受付で事情を説明し、指示を仰ぎましょう。

 Q：SPIのオプション検査とは?

A：SPIには基礎能力検査と性格検査のほかにオプション検査があります。転職者が受ける可能性があるのは英語検査（ENG）で、テストセンターとペーパーテストで実施されます。

※オプション検査の有無は企業により異なります。

※テストセンターで英語検査が実施される可能性があるのは、一般企業人対象のSPI-G、大学生対象のSPI-Uです。また、WEBテスティング、インハウスCBTでは英語検査はありません。

再 現 テ ス ト に つ い て

　本書では、実際に受検した複数の受検者の情報から、採用テスト（能力・性格テスト）を再現しています。ただし、採用テストの作成会社、および、その他の関係者の知的財産権等が成立している可能性を考慮して、入手した情報をそのまま再現することは避けています。

　本書に掲載している問題は、「SPIノートの会」が情報を分析して、採用テストの「意図」を盛り込んで新たに作成したものです。また、採用テストの尺度、測定内容、採点方法などにつきましては、公開されているもの以外は、「SPIノートの会」の長年にわたる研究により、推定・類推したものです。この点をご了承ください。

2章

SPI-G
非言語

SPI-G非言語問題の概要

非言語問題の出題範囲の違い

	転職者用 (SPI-G)		新卒者用 (SPI-U)		備 考
	紙	テ	紙	テ	
推論	★	★	★	★	テストセンターのみ、GとUで同じ問題が出題されることがある
図表の読み取り	★	★	★	★	
集合	◎	○	○	◎	
料金の割引	◎	○	○	○	
損益算	○	◎	○	○	
割合・比	◎	○	○	○	
速さ	○	○	◎	○	
地図	◎	×	×	×	
順列・組み合わせ	×	○	○	○	GはUより難易度が高い
確率	×	○	◎	◎	GはUより難易度が高い
長文読み取り計算	×	◎	×	○	GとUで同じ問題が出題されることがある
資料の読み取り	×	○	×	○	GとUで同じ問題が出題されることがある
分割払い・仕事算	×	○	◎	○	
代金の精算	×	○	○	○	
グラフの領域	×	×	◎	×	
物の流れと比率	×	×	○	×	
装置と回路	×	×	○	×	

※紙＝ペーパーテスト　※テ＝テストセンター
★：極めて高い頻度で出題される　　◎：高い頻度で出題される
○：出題されることがある　　　　　×：出題されない
＊上表のデータは、SPIノートの会の独自調査によるものです。無断転載を禁じます。

　左ページの表からもわかるように、ペーパーテストとテストセンターとでは出題範囲に大きな違いがあります。また、テストセンターに限っては、「SPI-G」と「SPI-U」とで似た傾向の問題が出題されるケースが多くあります。

　テスト種別というよりは、受検方式（テストセンターかペーパーテストか）によって違いがあると捉えたほうがよいでしょう。

　本書の「非言語」は、頻出度の高さと、学習効率とを考えた順番で掲載しています。読者のみなさんは、本書の目次順に学習を進めていけば、効率のよい対策ができます。

2章 概要

SPI-G 非言語問題の出題数

●ペーパーテストの出題数

推論、集合	合わせて10問前後
料金の割引、損益算、割合・比、速さ	合わせて10問前後
図表の読み取り	14問前後
地図	6問前後

※計40問。回答時間は40分。

●「組問題」の切れ目に注意！

　40問の中に、同じ設定で2～12問程度の問題が続けて出題される「組問題」が計6組程度あります。

「SPI-G」の非言語問題は、平均すると1問1分で解く必要があります。1つの「組問題」の中で設定や数値を使い回すことが、時間短縮のためには必要です。

　ただし、1つの「組問題」の中でも、途中から実質的に違う問題ということがあります。例えば、見た目は8問1組のように見えても、実質的には2問ごとに別の問題という場合などです。問題の切れ目に気をつけることが重

要です（以下の図を参照）。

　本書では、「組問題」を分野ごとに分解して、再現問題を作成しています。

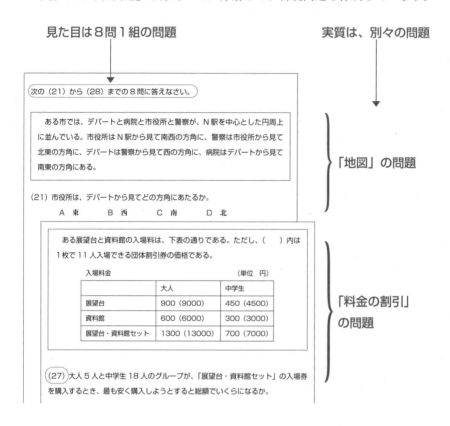

見た目は8問1組の問題　　　　　　　　　　実質は、別々の問題

次の（21）から（28）までの8問に答えなさい。

　ある市では、デパートと病院と市役所と警察が、N駅を中心とした円周上に並んでいる。市役所はN駅から見て南西の方角に、警察は市役所から見て北東の方角に、デパートは警察から見て西の方角に、病院はデパートから見て南東の方角にある。

（21）市役所は、デパートから見てどの方角にあたるか。
　　　A　東　　　　B　西　　　　C　南　　　　D　北

「地図」の問題

　ある展望台と資料館の入場料は、下表の通りである。ただし、（　）内は1枚で11人入場できる団体割引券の価格である。

入場料金　　　　　　　　　　　　　　　　　　（単位　円）

	大人	中学生
展望台	900（9000）	450（4500）
資料館	600（6000）	300（3000）
展望台・資料館セット	1300（13000）	700（7000）

「料金の割引」の問題

（27）大人5人と中学生18人のグループが、「展望台・資料館セット」の入場券を購入するとき、最も安く購入しようとすると総額でいくらになるか。

●テストセンターの出題数

　テストセンターはその性質上、出題範囲のどの分野から何問出題されるかは決まっていません。注意してほしいのは、タイマーがパソコン画面上に表示され、一定時間になると次の設問に移ってしまうことです。計算に集中しすぎて、いつの間にか次問に進んでいたということがないように、タイマーを意識しながら答えるようにしてください。

SPI-G 非言語問題の設問内容と対策

SPIの非言語の特徴は、37ページでもふれたように組問題で、「設定を理解するのに時間がかかる」、「1問あたりにかけられる時間が短い」ことがあげられます。これらが原因で、問題が難しく見えるのです。

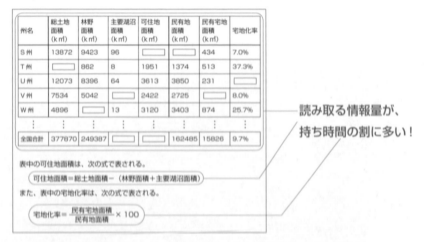

州名	総土地面積(k㎡)	林野面積(k㎡)	主要湖沼面積(k㎡)	可住地面積(k㎡)	民有地面積(k㎡)	民有宅地面積(k㎡)	宅地化率
S 州	13872	9423	96			434	7.0%
T 州		862	8	1951	1374	513	37.3%
U 州	12073	8396	64	3613	3850	231	
V 州	7534	5042		2422	2725		8.0%
W 州	4896		13	3120	3403	874	25.7%
全国合計	377870	249387			162485	15826	9.7%

読み取る情報量が、持ち時間の割に多い！

表中の可住地面積は、次の式で表される。

可住地面積＝総土地面積－（林野面積＋主要湖沼面積）

また、表中の宅地化率は、次の式で表される。

$$宅地化率 = \frac{民有宅地面積}{民有地面積} \times 100$$

対策として有効なのは、本書を使って「SPIの非言語問題形式」に慣れておくことです。また、「組問題」は1問目から解くことをおすすめします。1問目のほうが易しいことが多く、1問目の答えを2問目に利用できる問題が出題されることがあるためです。

もちろん、早く解く工夫をすることも大切です。早く解くために大切なのは、情報の整理と計算の手順です。本書の解説は、これらの点を留意して作成してあります。

社会人にとって意外な落とし穴は「筆算」です。ペーパーテスト、テストセンターでは、いずれも電卓が使えません。練習段階から、電卓を使わずに筆算に慣れてください。

次ページから具体的な設問内容にふれます。

●推論

　与えられた条件から、順番や内訳を推論する問題です。わかったことから書き出していくのが一番です。持ち時間が短いので、簡略化して書き出すのがコツです。また、「必ず正しいといえるものはどれか」など検証をしていくタイプの問題では、全パターンを考えていたら時間が足りなくなります。問題ごとに手早く解く方法を考えることが重要です。具体的な方法は再現問題の解説をごらんください。

●図表の読み取り

　図表の数値を読み取って計算する問題です。「SPI-G」のペーパーテストでは、1つの統計表に対して10問以上続く問題が出題されます。よく出るのが、図表と一緒に計算式が提示され、それを使って計算する問題です。提示される計算式を見落とさないように気をつけましょう。

●集合

　調査の集計結果から、両方の項目に該当する人数などを答える問題です。図にするのが一番確実な方法ですが、持ち時間が短いので、簡単な問題は計算だけで解けるように練習してください。

●料金の割引

　料金の合計を計算する問題です。団体・期間などによる割引を適用しながら、適切に料金を計算します。割引条件を、いかに手早く整理するかがカギとなります。割引対象は、「全部」の場合と「一部」の場合があるので、間違えないよう気をつけてください。

●損益算

　仕入値、定価、利益などを計算する問題です。まず利益を求めて、次に利益を得るために売るべき個数を計算するといったように、情報をいくつかに

分解すると、計算しやすくなります。

●割合・比

　博物館のうち、自然科学系博物館は何％かというような割合を計算させる問題です。設問文中の条件の羅列にひるまないことが大切です。わかりづらい問題でも、どのような関係になっているのかを図にすると解きやすくなります。

●速さ

　速さ、距離、時間を計算します。「SPI-G」のペーパーテストでは、施設間の所要時間の問題が、よく出題されます。

　テストセンターでは、2人が出会うまでの時間（出会い算）や追いつくまでの時間（追いつき算）、予定通りに進まなかったときの速さの再計算など、状況の整理がカギとなる問題が多く出ます。出会いや追いつきでは、状況を図にすると解きやすくなります。

●地図

「SPI-G」のペーパーテスト特有の問題で、方位と縮尺が出題されます。方位は、建物どうしの位置関係から、ある建物の方位を求める問題です。縮尺は、地図と実寸との換算です。出題傾向が限られているので、本書で解き方を覚えておくと有利です。

●順列・組み合わせ

「SPI-G」ではテストセンター特有の問題で、組み合わせが何通りあるかを答えます。①組み合わせの公式を暗記すること、②組み合わせ条件が複数のときに、「かつ」なのか「または」なのかを判断できるようになることが大切です。

　また、図形の色の塗り分けのような順列（並び順が関係する）問題も出題

されます。順列にも公式がありますが、わざわざ暗記しなくても、組み合わせの知識を応用して答えれば大丈夫です。

●確率

「SPI-G」ではテストセンター特有の問題で、確率を答えます。**確率も、組み合わせと同様に、条件が「かつ」なのか「または」なのかを判断することが大切です。**確率と組み合わせは、考え方やコツが似ているので、続けて学習することをおすすめします。

●長文読み取り計算

　テストセンター特有の問題です。非言語問題ですが、長文が提示され、長文中の数値の計算や、長文の内容と設問の数値が一致するかを考えさせる問題が出題されます。

　言語の長文読解と間違えないように気をつけてください。長文や選択肢に数値が多く登場したときは、長文読み取り計算の可能性が高いです。

●資料の読み取り

　テストセンター特有の問題で、資料の内容と一致する記述を選びます。料金表と一緒に、適用条件がいくつも列挙された資料が提示され、その内容を正確に理解した上で、正しい記述を選ぶといった問題が出題されます。**情報量が多く、読み取りに時間がかかるので、手早く解くことを常に意識してください。**

●分割払い・仕事算

「SPI-G」ではテストセンター特有の問題で、全体を1としたときの割合を、分数（例えば全体の$\frac{1}{6}$）で考えます。分割払いでの支払い金額や仕事の分担量を求める問題として出題されます。支払い金額なのか分担量なのかという見かけの違いだけで、どちらも解き方は同じです。**全体は「1」となるこ**

とをしっかりと頭に入れておきましょう。

●代金の精算

「SPI-G」ではテストセンター特有の問題で、借金返済やワリカン払いの方法を考えます。この分野も、カギとなるのは情報の整理です。図にまとめたりポイントの抜き書きをするなど、自分なりの方法を工夫しましょう。

本書は、2021年2月までに入手した情報をもとに作成・編集しています。

今後、テストの仕様はテスト会社の都合などで変更される可能性もあります。その場合は、変更点がわかりしだい「SPIノートの会」のWebサイトにてお知らせします。
https://www.spinote.jp/

1 推論（並び順）

すべての場合を書き出す！

◉ スピードを出すためのコツは記号化、図化

A＞B＞C＞D　　A、B、C、Dの順の場合

◉ 「必ずしも誤りとはいえない」➡1つでもあれば◯

　　ややこしい言い回しに引っかからない

【例題】

K、L、M、Nの4都市の博物館の数を調べたところ、次のことがわかった。

　Ⅰ）MはNよりも博物館の数が多い

　Ⅱ）4都市のうち最も博物館の数が多いのはMではない

　Ⅲ）各都市の博物館の数は互いに異なる

（問）次の推論ア、イ、ウのうち、必ずしも誤りとはいえないものはどれか。AからHまでの中から1つ選びなさい。

　ア　Lは最も博物館の数が多い

　イ　MはKより博物館の数が多い

　ウ　Nは2番目に博物館の数が多い

A　アだけ　　　　B　イだけ　　　　C　ウだけ　　　　D　アとイの両方

E　アとウの両方　F　イとウの両方　G　アとイとウのすべて

H　ア、イ、ウのいずれも誤りである

❈ カンタン解法 ❈

条件Ⅰ）、Ⅱ）、Ⅲ）からわかる並び順（多い順）を書き出す。

条件Ⅰ）Ｍ＞Ｎ ← Ｍ は Ｎ より多い

条件Ⅱ）一番多いのはＭではない

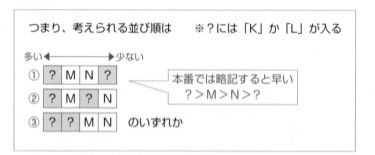

つまり、考えられる並び順は　※？には「Ｋ」か「Ｌ」が入る

多い ◀━━━━━━▶ 少ない

① ? M N ?
② ? M ? N
③ ? ? M N のいずれか

本番では略記すると早い
？＞Ｍ＞Ｎ＞？

推論ア、イ、ウを①〜③に当てはめて、１つでも成り立てば「必ずしも誤りとはいえない」。

多い ◀━━━━━━▶ 少ない

㋐ ① L M N K が成り立つ →必ずしも誤りとはいえない

※①だけで「必ずしも誤りとはいえない」ことが判明。
　②③は、検証する必要なし（解く時間を節約）。

多い ◀━━━━━━▶ 少ない

㋑ ① L M N K が成り立つ →必ずしも誤りとはいえない

㋒ Ｎが２番目に多いものは①〜③にない →確実に誤り

※この推論が成り立つなら、Ｍが最も多いことになる。あり得ない。

正解 D

練習問題 ① 推論（並び順）

※【例題】の続き（組問題。枠内の文章は【例題】と同じ）

K、L、M、Nの4都市の博物館の数を調べたところ、次のことがわかった。

　Ⅰ）MはNよりも博物館の数が多い

　Ⅱ）4都市のうち最も博物館の数が多いのはMではない

　Ⅲ）各都市の博物館の数は互いに異なる

（問）Ⅰ）～Ⅲ）までの情報のほかに、次のカ、キ、クのうち<u>少なくともどれが加</u>われば、この4都市を博物館の数の多い順に並べることができるか。AからHまでの中から1つ選びなさい。

　　カ　NはKより博物館の数が多い

　　キ　LはMより博物館の数が多い

　　ク　LはNより博物館の数が多い

A　カだけ　　　　　B　キだけ　　　　C　クだけ　　　　　D　カとキの両方

E　カとクの両方　　F　キとクの両方　G　カとキとクのすべて

H　カ、キ、クのすべてが加わっても並べられない

解　説

「条件Ⅰ)〜Ⅲ)からわかる並び順」は例題で考えたものを、そのまま使う。

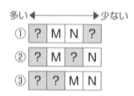

情報カ、キ、クで、並び順が1つだけに決まるか考える。2つ以上の並び順が考えられるものは除外。

カ ① L M N K だけ成り立つ

> ②③では、「N」は一番少ない。つまり、情報カ（NはKより多い）が成り立たない。NがKより多くなるのは、①だけ。

✳ 複数考えられる

> 例えば、
>
>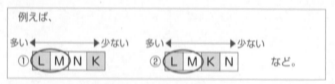
>
> など。

✳ 複数考えられる

> 例えば、
>
>
>
> など。

正解 **A**

練習問題 ② 推論（並び順）

5つの町P、Q、R、S、Tで映画鑑賞料金について調査したところ、次のことがわかった。

　　Ⅰ）Sの料金は3番目に高い

　　Ⅱ）Tの料金はPの料金より安く、Qの料金より高い

　　Ⅲ）同じ料金の町はなかった

Ⅰ）、Ⅱ）、Ⅲ）はすべて正しい。さらにX、Y、Zの3つの報告がなされたが、これらは必ずしもすべてが信頼できるとはいえない。

　　X　Rの料金は最も高い

　　Y　Qの料金は最も安い

　　Z　Tの料金は4番目に高い

（1）次の推論ア、イ、ウのうち、正しいものはどれか。AからHまでの中から1つ選びなさい。

　　ア　Xが正しければYも必ず正しい

　　イ　Yが正しければZも必ず正しい

　　ウ　Zが正しければXも必ず正しい

A　アだけ　　　　B　イだけ　　　　C　ウだけ　　　　D　アとイの両方

E　アとウの両方　F　イとウの両方　G　アとイとウのすべて

H　ア、イ、ウのいずれも正しいとはいえない

（2）次の推論カ、キ、クのうち、正しいものはどれか。AからHまでの中から1つ選びなさい。

　　カ　Xが正しければZも必ず正しい

　　キ　Yが正しければXも必ず正しい

　　ク　Zが正しければYも必ず正しい

A　カだけ　　　　B　キだけ　　　　C　クだけ　　　　D　カとキの両方

E　カとクの両方　　F　キとクの両方　　G　カとキとクのすべて

H　カ、キ、クのいずれも正しいとはいえない

❈　解　説　❈

（1）（2）ともに考え方は同じなので、まとめて解く。

条件Ⅰ）から「Sは3番目」、条件Ⅱ）から「P＞T＞Q」。残る「R」が何番目かわかれば料金順が確定する。考えられる料金順は以下の4つ。

	高い ◀━━━━━▶ 安い	高い ◀━━━━━▶ 安い
	① P T S Q R	③ P R S T Q
	② P T S R Q	④ R P S T Q

報告X～Zが正しいときに考えられる料金順、および、「～が正しければ～も必ず正しい」が成り立つかどうかは、以下の通り。

～が正しければ　　　考えられる料金順

X（Rは最も高い）　④ R P S T Q ➡ Yも正しい（Qは最も安い）

　　　　　　　　　　　　　　　　　　　Zも正しい（Tは4番目）

Y（Qは最も安い）　② P T S R Q

　　　　　　　　　　③ P R S T Q ➡ Xは正しいとは限らない

　　　　　　　　　　　　　　　　　　　（②③で最も高いのはRではない）

　　　　　　　　　　④ R P S T Q　　 Zは正しいとは限らない

　　　　　　　　　　　　　　　　　　　（②でTは4番目ではない）

Z（Tは4番目に高い）③ P R S T Q ➡ Xは正しいとは限らない

　　　　　　　　　　　　　　　　　　　（③で最も高いのはRではない）

　　　　　　　　　　④ R P S T Q　　 Yも正しい（どちらもQが最も安い）

正解　**（1）A　（2）E**

練習問題 ③ 推論（並び順）

　5つの商店R、S、T、U、Vの閉店時間は、午後7時、午後8時、午後10時のいずれかであり、これについて次のことがわかっている。

　　Ⅰ）TはVよりも先に閉店する

　　Ⅱ）午後10時まで営業している店は2店ある

　　Ⅲ）午後8時30分にVを訪れたところすでに閉店していた

（1）次の推論ア、イについて、必ず正しいか、必ず誤りか、あるいはどちらともいえないかを考え、AからIまでの中から正しいものを1つ選びなさい。

　　ア　Tは午後8時まで営業している

　　イ　Uは午後10時まで営業している

A　アもイも正しい　　B　アは正しいが、イはどちらともいえない

C　アは正しいが、イは誤り　　D　アはどちらともいえないが、イは正しい

E　アもイもどちらともいえない　　F　アはどちらともいえないが、イは誤り

G　アは誤りだが、イは正しい　　H　アは誤りだが、イはどちらともいえない

I　アもイも誤り

（2）最も少ない情報で5つの商店の閉店時間がすべてわかるためには、Ⅰ）からⅢ）までの情報のほかに、次のカ、キ、クのうちどれが加わればよいか。AからHまでの中から1つ選びなさい。

　　カ　RはVよりも先に閉店する

　　キ　SとUの閉店時間は同じである

　　ク　VはRよりも先に閉店する

A　カだけ　　　　B　キだけ　　　　C　クだけ　　　　D　カとキの両方

E　カとクの両方　　F　キとクの両方　　G　カとキとクのすべて

H　カ、キ、クのすべてが加わってもわからない

解　説

条件Ⅰ）〜Ⅲ）から、わかることを書き出す。

Ⅰ）TはVより先（つまりVは7時ではない）　｜ Tは7時
Ⅲ）Vは7時か8時　　　　　　　　　　　　｜ Vは8時と決定

Ⅱ）（上記で決まっていない）R、S、Uのうち2店が10時

⬇

┌───┐
│ 考えられる組み合わせは   │
│   │
│ 7時　[T][?]──── どちらか片方が   │
│   │
│ 8時　[V][?]──── R、S、Uのうち1店   │
│   │
│ 10時　[?][?]──── R、S、Uのうち2店   │
│   │
└───┘

(1) 考えられる組み合わせと推論ア、イを照らし合わせる。

ア　Tは7時→ 誤り

イ　Uは、7時、8時、10時のいずれか→ どちらともいえない

(2) 情報カ、キ、クで、閉店時間が決まるか考える。

カ　Rは7時と決定。残るS、Uが10時

キ　S、Uは10時と決定。Rが不明（7時か8時）

ク　Rは10時と決定。S、Uが不明

正解 **(1) H** **(2) A**

J、K、L、M、Nの5人が、下図のような横1列に並んだ5つの椅子に座った。5人の座った椅子について、次のことがわかっている。

Ⅰ）Lはいちばん端の椅子に座った

Ⅱ）NとKは隣り合って座った

Ⅲ）JとMは隣り合って座っていなかった

（1）次の推論ア、イ、ウのうち、<u>あり得ないもの</u>はどれか。AからHまでの中から1つ選びなさい。

　　　ア　JとNは隣り合って座った

　　　イ　KとLは隣り合って座った

　　　ウ　KとMは隣り合って座った

A　アだけ　　　　B　イだけ　　　　C　ウだけ　　　　D　アとイの両方

E　アとウの両方　F　イとウの両方　G　アとイとウのすべて

H　ア、イ、ウのいずれもあり得る

（2）次の推論カ、キ、クのうち、<u>あり得ないもの</u>はどれか。AからHまでの中から1つ選びなさい。

　　　カ　Jは左から2番目の椅子に座った

　　　キ　Nはいちばん左の椅子に座った

　　　ク　Mは左から3番目の椅子に座った

A　カだけ　　　　B　キだけ　　　　C　クだけ　　　　D　カとキの両方

E　カとクの両方　F　キとクの両方　G　カとキとクのすべて

H　カ、キ、クのいずれもあり得る

解　説

条件Ⅰ）〜Ⅲ）から考えられる組み合わせは、以下の通り。

（1）組み合わせが1つもあり得ないものを探す。

ア　例えば右の組み合わせがあり得る　① J N K M L

イ　あり得ない。Lの隣りはJかMのみ

ウ　例えば右の組み合わせがあり得る　① J N K M L

（2）組み合わせが1つもあり得ないものを探す。

カ　例えば右の組み合わせがあり得る　② L J N K M

キ　あり得ない。いちばん左は、J、M、Lのいずれかのみ

ク　あり得ない。左から3番目は、K、Nのいずれかのみ

正解 （1）B　（2）F

練習問題 ⑤ 推論（並び順）

> ある山には展望台があり、展望台へ行く道路にはP、Q、R、Sの4つがある。そのうち2つは、勾配の険しさが等しい。また、道路Pは道路Sよりも険しく、道路Rは道路Qよりも険しい。

（1）上の条件から考えて、あり得ない場合はどれか。AからEまでの中から1つ選びなさい。

    A 道路Pは道路Rより険しい   B 道路Qと道路Sは険しさが等しい

    C 道路Rは道路Sより険しい   D 道路Qは道路Pより険しい

    E 道路Rは道路Pより険しい

（2）上の条件のほかに、どの条件が加われば、4つの道路の険しさの順番が決まるか。AからEまでの中から1つ選びなさい。

    A 道路Sは道路Qより険しくない   B 道路Pが最も険しい

    C 道路Rと道路Sは険しさが等しい   D 道路Pと道路Rは険しさが等しい

    E 道路Qは道路Sより険しくない

解　説

設問からわかることを書き出す。

険しい ←→ 険しくない

道路Ｐは道路Ｓよりも険しい	P	S
道路Ｒは道路Ｑよりも険しい	R	Q

４つの道路のうち「２つは、勾配の険しさが等しい」が、上記からＰＳは等しくないし、ＲＱも等しくない。等しい可能性があるのはＰＲ、ＰＱ、ＳＲ、ＳＱのいずれか。よって、考えられる険しさの順番は、以下のいずれか。

険しい ←→ 険しくない

		SかQ	
①ＰＲが等しいとき	P=R		
②ＰＱが等しいとき	R	P=Q	S
③ＳＲが等しいとき	P	S=R	Q
④ＳＱが等しいとき			S=Q
	PかR		

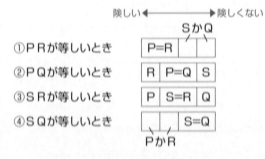

（1）上の条件から考えてあり得ないのはＤ。②のときＱはＰと険しさが等しく、それ以外ではＱはＰより険しくない。ＱがＰより険しい場合はあり得ない。

※他の選択肢は、Ａは③④、Ｂは④、Ｃは①②④、Ｅは②④であり得る。

（2）上記で考えた険しさの順番のうち、②③は、等しいものが決まれば、すべての順番が決まる。当てはまるのはＣ。ＳとＲが等しいので③に決まる。

※他の選択肢は、Ａは①②、Ｂは③④（Ｒと等しい場合も含めるなら①も）、Ｅは①③があり得るため、険しさの順番が決まらない。Ｄは①のうち、ＳとＱのどちらが険しいかが決まらない。

正解　（1）Ｄ　（2）Ｃ

②推論（内訳）

最小限の手間で検証する

◉全パターンを考えていたら時間が足りない

◉問題ごとに、手早く解く方法を考えること

◉あとは多くの問題パターンに慣れること

【例題】

> L、M、N、O、P、Q、Rの7人について、次のことがわかっている。
>
> 　I）L、N、O、Rの4人とPとは性別が異なる
>
> 　II）Mは男性である

（問）次の推論ア、イ、ウのうち、<u>必ず正しいといえるもの</u>はどれか。AからHまでの中から1つ選びなさい。

　　　ア　Pが女性なら、女性の数は2人以上である

　　　イ　Pが男性なら、男性の数は2人以上である

　　　ウ　PとQが同性だとしたら、男性と女性の人数の差は2人以上である

A　アだけ　　　　　B　イだけ　　　　C　ウだけ　　　　D　アとイの両方

E　アとウの両方　F　イとウの両方　G　アとイとウのすべて

H　ア、イ、ウのいずれも必ず正しいとはいえない

カンタン解法

設問からわかることは、以下の通り。

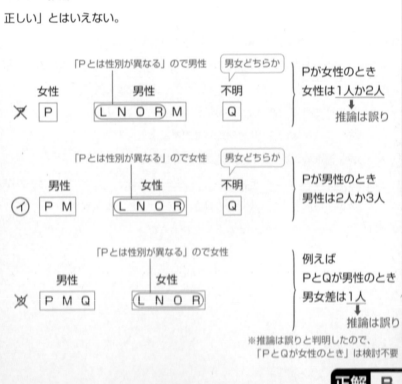

これに、推論ア～ウをそれぞれ当てはめる。1つでも誤りがあるものは「必ず正しい」とはいえない。

正解 B

2章 推論（内訳）

練習問題 ① 推論（内訳）

※【例題】の続き（組問題。枠内の文章は【例題】と同じ）

L、M、N、O、P、Q、Rの7人について、次のことがわかっている。

　Ⅰ）L、N、O、Rの4人とPとは性別が異なる

　Ⅱ）Mは男性である

（問）最も少ない情報で7人それぞれの性別がわかるためには、Ⅰ）とⅡ）の情報のほかに、次のカ、キ、クのうちどれが加わればよいか。AからHまでの中から1つ選びなさい。

　　カ　PとMは同性、LとMは異性である

　　キ　QとNは異性、LとMは同性である

　　ク　男性の人数は、女性の人数より多い

A　カだけ　　　　B　キだけ　　　　C　クだけ　　　　D　カとキの両方

E　カとクの両方　F　キとクの両方　G　カとキとクのすべて

H　カ、キ、クのすべてが加わってもわからない

解　説

設問からわかることは、以下の通り（前問と同じ）。

不明				異性	不明		男性	不明

```
  不明              不明          男性  不明
┌─────────┐  異性  ┌───┐      ┌───┐┌───┐
│ L N O R │ ←──→ │ P │      │ M ││ Q │
└─────────┘       └───┘      └───┘└───┘
```

全員の性別を判明させるために必要なのは、以下の2つの情報。

① 「L、N、O、R」と「P」のうち、だれか1人の性別

② 「Q」の性別

情報のうち、①②の両方が判明するものを探す。

✕ PとMが同性ということは、「P」は男性

　　LとMが異性ということは「L、N、O、R」は女性

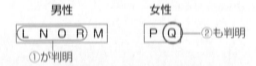

```
   女性        男性    不明
┌─────────┐  ┌───┐ ┌───┐
(L N O R)   (P)M   (Q)──②は判明せず
└─────────┘  └───┘ └───┘
   ①が判明
```

㋖ LとMが同性ということは「L、N、O、R」が男性

　　QとNが異性ということは、「Q」は女性

```
     男性              女性
┌───────────┐      ┌───────┐
(L N O R) M        P (Q)──②も判明
└───────────┘      └───────┘
     ①が判明
```

✕ 男性のほうが多いということは「L、N、O、R」が男性

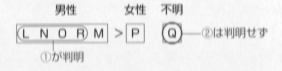

```
     男性         女性   不明
┌───────────┐    ┌───┐ ┌───┐
(L N O R) M  >   │ P │ (Q)──②は判明せず
└───────────┘    └───┘ └───┘
     ①が判明
```

正解　B

練習問題 ② 推論（内訳）

Q、R、S、Tの4チームでバレーボールの総あたり戦を行った。試合の結果について、次のことがわかっている。

　Ⅰ）SはTに勝った

　Ⅱ）QはRにだけ負けた

　Ⅲ）引き分けはない

（1）次の推論ア、イ、ウのうち、<u>必ずしも誤りとはいえないもの</u>はどれか。AからHまでの中から1つ選びなさい。

　　　ア　Rは2勝1敗だった

　　　イ　Sは1勝2敗だった

　　　ウ　Tは2勝1敗だった

　A　アだけ　　　　　B　イだけ　　　　C　ウだけ　　　　　D　アとイの両方

　E　アとウの両方　　F　イとウの両方　G　アとイとウのすべて

　H　ア、イ、ウのいずれも誤り

（2）最も少ない情報で試合の勝敗がすべてわかるためには、Ⅰ）からⅢ）の情報のほかに、次のカ、キ、クのうちどれが加わればよいか。AからHまでの中から1つ選びなさい。

　　　カ　Rは1勝2敗だった

　　　キ　Sは2勝1敗だった

　　　ク　Tは1勝2敗だった

　A　カだけ　　　　　B　キだけ　　　　C　クだけ　　　　　D　カとキの両方

　E　カとクの両方　　F　キとクの両方　G　カとキとクのすべて

　H　カ、キ、クのすべてが加わってもわからない

条件Ⅰ）〜Ⅲ）からわかる勝ち負けは以下の通り。

勝ち負けが不明なのは「RとS」の対戦と、「RとT」の対戦。

Ⅱ）QはRにだけ負けた

対 戦 相 手

	Q	R	S	T	勝ち数
Q		×	○	○	2勝（決まり）
R	○		?	?	1〜3勝
S	×	?		◎	1〜2勝
T	×	?	×		0〜1勝

Ⅰ）SはTに勝った

（1）推論を上記に当てはめて、1つでも成り立てば「必ずしも誤りとはいえない」。

　㋐　例えば、RがSに勝ってTに負けると2勝1敗
　　➡　必ずしも誤りとはいえない

　㋑　例えば、SはRに負けると1勝2敗　➡　必ずしも誤りとはいえない

　㋒　Tは0〜1勝なので、2勝1敗はあり得ない　➡　確実に誤り

（2）勝ち負けが不明なのは「RとS」の対戦と、「RとT」の対戦。どちらもRとの対戦。情報力の「Rは1勝2敗だった」が加われば、RはSにもTにも負けたことがわかる。すべての試合結果は右表の通り。

対 戦 相 手

	Q	R	S	T	勝ち数
Q		×	○	○	2勝
R	○		×	×	1勝
S	×	○		○	2勝
T	×	○	×		1勝

正解　（1）D　（2）A

　ある旅館に団体客145人が、25室にわかれて泊まった。ただし、どの部屋にも5人か6人か7人で泊まったことがわかっている。

（1）7人で泊まった部屋が、8室だった場合、5人で泊まった部屋は何室か。

　　A　1室　　　B　3室　　　C　5室　　　D　7室

　　E　9室　　　F　11室　　　G　13室　　　H　AからGのいずれでもない

（2）5人で泊まった部屋と6人で泊まった部屋の数が同じだった場合、7人で泊まった部屋の数は何室か。

　　A　1室　　　B　3室　　　C　5室　　　D　7室

　　E　9室　　　F　11室　　　G　13室　　　H　AからGのいずれでもない

✖ 解　　説 ✖

（1）7人部屋以外の人は、すべて5人部屋に泊まったと仮定して、あふれた
　　人数から答えを導き出す。

　　7人部屋以外の人数と部屋数を計算する。

　　　7人部屋：7人×8室＝56人

　　　残り人数：145人－56人＝89人

　　　残り部屋：25室－8室＝17室

↓

残り全員が5人部屋と仮定すると以下の通り。

5人×17室＝85人

実際の残り人数との差：89人－85人＝4人

↓

全員が5人部屋だと4人あふれる。つまり4人は6人部屋。

※6人部屋：4室、5人部屋：17室－4室＝13室

(2) 5人部屋と6人部屋の部屋数を「x」とすると、各部屋に泊まった人数は以下の通り。

5人部屋：5人×x室
6人部屋：6人×x室　　合計　145人
7人部屋：7人×(25－2x) 室

これを1つの式にまとめて、xを解く。

$$5x + 6x + 7(25-2x) = 145$$
$$11x + 175-14x = 145$$
$$-3x = -30$$
$$x = 10$$

つまり7人部屋の数は

25－2x＝25－(2×10)＝5室

正解　(1) G　(2) C

練習問題 ④ 推論（内訳）

　動物好きの人たちに、これまで飼ったことのあるペットをたずねたところ、猫を飼ったことがある人が全体の70％、犬を飼ったことがある人が60％、金魚を飼ったことがある人が30％、うさぎを飼ったことがある人が20％いた。ただし、猫と金魚の両方を飼ったことがある人はいなかった。

(1) 次の推論ア、イについて、必ず正しいか、必ず誤りか、あるいはどちらともいえないかを考え、AからIまでの中から正しいものを1つ選びなさい。

　　　ア　猫と犬の両方を飼ったことがある人がいる

　　　イ　金魚とうさぎの両方を飼ったことがある人がいる

　A　アもイも正しい　　B　アは正しいが、イはどちらともいえない

　C　アは正しいが、イは誤り　　D　アはどちらともいえないが、イは正しい

　E　アもイもどちらともいえない　　F　アはどちらともいえないが、イは誤り

　G　アは誤りだが、イは正しい　　H　アは誤りだが、イはどちらともいえない

　I　アもイも誤り

(2) 次の推論カ、キについて、必ず正しいか、必ず誤りか、あるいはどちらともいえないかを考え、AからIまでの中から正しいものを1つ選びなさい。

　　　カ　金魚しか飼ったことがない人がいる

　　　キ　この4種類のペットのいずれも飼ったことがない人がいる

　A　カもキも正しい　　B　カは正しいが、キはどちらともいえない

　C　カは正しいが、キは誤り　　D　カはどちらともいえないが、キは正しい

　E　カもキもどちらともいえない　　F　カはどちらともいえないが、キは誤り

　G　カは誤りだが、キは正しい　　H　カは誤りだが、キはどちらともいえない

　I　カもキも誤り

❀ 解　説 ❀

設問からわかることは、以下の通り。あとは、（1）（2）の推論を、当てはめて、正しいかどうかを調べればよい。

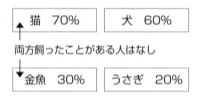

（1）ア　足すと130%。100%超ということは、

両方飼ったことがある人がいる ➡ 正しい

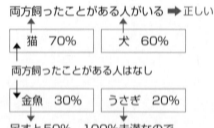

　　イ　足すと50%。100%未満なので

両方飼ったことがある人がいるのか不明 ➡ どちらともいえない

（2）カ　情報不足で判定できない ➡ どちらともいえない

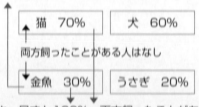

　　キ　足すと100%。両方飼ったことがある人はいないので、

全員が、猫か金魚のどちらかを飼ったことがあることになる ➡ 誤り

正解　（1）B　（2）F

　　ある学校でクラスの30人に対して40点満点のテストを行ったところ、以下のような結果になった。得点は1点きざみで与えられ、a〜gまでの7段階で評価される。

　　Pさんの評価はeであり、Qさんの得点はPさんの得点の半分だった。

評価	得点	人数
a	37〜40	2人
b	32〜36	4人
c	27〜31	9人
d	21〜26	4人
e	14〜20	6人
f	7〜13	3人
g	0〜 6	2人

（1）次の推論ア、イの正誤を考え、AからIまでの中から正しいものを1つ選びなさい。

　　　　ア　Qさんの評価はfである。

　　　　イ　Pさんは得点の低いほうから10人以内に入っている。

　A　アもイも正しい　　B　アは正しいが、イはどちらともいえない

　C　アは正しいが、イは誤り　　D　アはどちらともいえないが、イは正しい

　E　アもイもどちらともいえない　　F　アはどちらともいえないが、イは誤り

　G　アは誤りだが、イは正しい　　H　アは誤りだが、イはどちらともいえない

　I　アもイも誤り

（2）Pさん、Qさんの得点にRさんの得点を加えて平均すると、15点だった。次の推論カ、キの正誤を考え、AからIまでの中から正しいものを1つ選びなさい。

カ Qさんの得点は7点である。

キ Rさんの評価はdである。

A カもキも正しい　B カは正しいが、キはどちらともいえない

C カは正しいが、キは誤り　D カはどちらともいえないが、キは正しい

E カもキもどちらともいえない　F カはどちらともいえないが、キは誤り

G カは誤りだが、キは正しい　H カは誤りだが、キはどちらともいえない

I カもキも誤り

❀ 解 説 ❀

(1) Pさんの評価はeなので得点は14〜20点。QさんはPさんの半分の
得点なので7〜10点。

　ア Qさんは7〜10点なので、いずれの場合も評価はf ➡ 正しい

　イ 得点の低い順に、評価eまでを足すと「2＋3＋6＝11人」。評価
eのPさんは、得点の低いほうから10人以内かもしれないし、10
人以内ではないかもしれない ➡ どちらともいえない

(2) 3人の平均が15点なので、3人の合計点は15点×3人＝45点。前問
で考えたP・Qさんの得点を使うと、Rさんの得点は以下の通り。

Pさん	Qさん	Rさん	合計
14（最低点）	7	24	
〜	〜	〜	45点
20（最高点）	10	15	

※Rの得点は、合計45点からPQの得点を引けばよい。

　カ Qさんは7〜10点。7点かどうかは不明 ➡ どちらともいえない

　キ Rさんは15〜24点。評価は15点ならe、24点ならd ➡ どちら
ともいえない

正解 (1) B (2) E

③ 推論（その他）

当てはまる事柄を具体的に考えてみよう

◎ 仮の数値を当てはめる、図にするなど、具体的に考える

◎ 正誤両方あり得る場合は「どちらともいえない」

【例題】

右表は、W、X、Yの３つの市の人口密度（1km²あたりの人口）を示したものである。W市とY市の面積は等しく、それぞれX市の面積の半分である。	<table><tr><td>市</td><td>人口密度</td></tr><tr><td>W</td><td>420</td></tr><tr><td>X</td><td>330</td></tr><tr><td>Y</td><td>240</td></tr></table>

（問）次の推論ア、イの正誤を考え、AからIまでの中から正しいものを１つ選びなさい。

　　　ア　W市とY市の人口の和はX市の人口に等しい

　　　イ　X市とY市を合わせた地域の人口密度は285である

　A　アもイも正しい　　B　アは正しいが、イはどちらともいえない

　C　アは正しいが、イは誤り　　D　アはどちらともいえないが、イは正しい

　E　アもイもどちらともいえない　　F　アはどちらともいえないが、イは誤り

　G　アは誤りだが、イは正しい　　H　アは誤りだが、イはどちらともいえない

　I　アもイも誤り

❈ カンタン解法

設問より、3つの市の面積は「W市とY市の面積は等しく、それぞれX市の面積の半分」。仮にW市とY市の面積を1とすると、X市は2。

「人口密度×面積＝人口」に当てはめて、仮の人口を求める。

市	人口密度	仮の面積	仮の人口（人口密度×面積＝人口）
W	420	1	420人（420 × 1 ＝ 420人）
X	330	2	660人（330 × 2 ＝ 660人）
Y	240	1	240人（240 × 1 ＝ 240人）

これを使って、推論の正誤を考える。

ア　W市とY市の人口を足して、X市の人口と比べる。

W市　　　Y市
420人＋240人＝660人

X市の人口は「660人」なので等しい ➡ 正しい

イ　X市とY市を合わせた地域の人口密度を計算する。人口密度の計算式は「人口÷面積＝人口密度」。この式に、X市とY市の人口の合計と、面積の合計をそれぞれ当てはめる。

X市とY市の人口合計　　X市とY市の面積合計　　X市とY市を合わせた地域の人口密度
（660人＋240人）　÷　（2＋1）　＝　300

X市とY市を合わせた地域の人口密度は300。285ではない ➡ 誤り

正解 C

PとQは、ハンドボールを25球ずつ投げてゴールに入った数（ゴール数）を競うゲームを3回行った。右表は、各対戦でゴールに入った数を示したものである。

	1回戦	2回戦	3回戦
P	20		17
Q	19	10	

(1) 次の推論ア、イの正誤を考え、AからIまでの中から正しいものを1つ選びなさい。

    ア　Pのゴール数の3回の平均は20である

    イ　Qのゴール数の3回の平均は20である

A　アもイも正しい　　B　アは正しいが、イはどちらともいえない

C　アは正しいが、イは誤り　　D　アはどちらともいえないが、イは正しい

E　アもイもどちらともいえない　　F　アはどちらともいえないが、イは誤り

G　アは誤りだが、イは正しい　　H　アは誤りだが、イはどちらともいえない

I　アもイも誤り

(2) 次の推論カ、キの正誤を考え、AからIまでの中から正しいものを1つ選びなさい。

    カ　Pが2回戦目に18球入れたとすると、PはQに3回のゴール数の合計で負ける

    キ　Qが3回戦目に18球入れたとすると、QはPに3回のゴール数の合計で負ける

A　カもキも正しい　　B　カは正しいが、キはどちらともいえない

C　カは正しいが、キは誤り　　D　カはどちらともいえないが、キは正しい

E　カもキもどちらともいえない　　F　カはどちらともいえないが、キは誤り

G　カは誤りだが、キは正しい　　H　カは誤りだが、キはどちらともいえない

I　カもキも誤り

✕ 解　説

P、Qのゴール数のうち、わかっている2回分を足す。

　P　20＋17＝37…①　　　　Q　19＋10＝29…②

これを使って、推論の正誤を考える。正誤両方あり得る場合は、「どちらともいえない」。1回に投げるのは25球だということに気をつけよう。

(1) ア　平均20なので、Pの3回の合計は20×3＝60。①を引くと、2回戦目は23のはず。2回戦目が23なら正しいが、それ以外なら誤り。どちらの可能性もある ➡ どちらともいえない

　　イ　平均20なので、Qの3回の合計は20×3＝60。②を引くと、3回戦目は31のはず。1回に投げるのは25球なので、全球入れても31は不可能 ➡ 誤り

(2) カ　Pが2回戦目に18球入れたときのPとQの合計は

　　　　Pの3回の合計　37＋18＝55　⎫
　　　　Qの2回の合計　29　　　　　　⎬ 差は26
　　　　　　　　　　　　　　　　　　⎭

　　　　Qの残り1回は最大でも25。Pは必ず勝つ ➡ 誤り

　　キ　Qが3回戦目に18球入れたときのPとQの合計は

　　　　Pの2回の合計　37　　　　　　⎫
　　　　Qの3回の合計　29＋18＝47　⎬ 差は10
　　　　　　　　　　　　　　　　　　⎭

　　　　Pの残り1回が11以上ならQの負け。10以下ならQは負けない。どちらの可能性もある ➡ どちらともいえない

正解　(1) F　(2) H

練習問題 ② 推論（その他）

> ある企業で20製品の販売数を調査したところ、20製品の販売数の総計はこの3年間、毎年前年に比べて30%ずつ増加していることがわかった。

（1）次の推論ア、イの正誤を考え、AからIまでの中から正しいものを1つ選びなさい。

  ア 20製品のうち、この3年間に販売数が減少した製品はない

  イ 20製品の販売数の総計は、3年前に比べて90%増加している

A アもイも正しい B アは正しいが、イはどちらともいえない

C アは正しいが、イは誤り D アはどちらともいえないが、イは正しい

E アもイもどちらともいえない F アはどちらともいえないが、イは誤り

G アは誤りだが、イは正しい H アは誤りだが、イはどちらともいえない

I アもイも誤り

（2）次の推論カ、キの正誤を考え、AからIまでの中から正しいものを1つ選びなさい。

  カ 20製品のうち、この3年間に販売数が増加した製品の数は、減少した製品の数より多い

  キ 20製品のうち、この3年間に販売数の増加が90%以上だった製品と、90%未満だった製品の数は等しい

A カもキも正しい B カは正しいが、キはどちらともいえない

C カは正しいが、キは誤り D カはどちらともいえないが、キは正しい

E カもキもどちらともいえない F カはどちらともいえないが、キは誤り

G カは誤りだが、キは正しい H カは誤りだが、キはどちらともいえない

I カもキも誤り

（1）仮に3年前の20製品の販売数の総計を100とすると、現在までの20
製品の販売数の総計は以下の通り。

> 3年前　100
>
> 2年前　$100 \times 1.3 = 130$ ← 30%増なので、1.3を掛け算
>
> 1年前　$130 \times 1.3 = 169$ ← 前年に比べて30%増なので、130に対して1.3を掛け算
>
> 現在　　$169 \times 1.3 = 219.7$

ア　20製品の販売数の総計は毎年増えているが、個々の製品の販売数の
推移は不明。中には減った製品があるかもしれない ➡ どちらともい
えない

イ　3年前の100に対して、現在は219.7なので、119.7%の増加。
90%の増加ではない ➡ 誤り

（2）販売数の総計は増加しているが、個々の製品の販売数の推移は不明。こ
の点に着目して、推論カ、キの正誤を考える。

カ　個々の製品の販売数の推移しだいで、正誤どちらの可能性もあり得
る。例えば、「全製品が毎年30%ずつ増加」なら「増加した製品の
数のほうが多い」（正）。しかし「販売数の多い5製品だけが高い増
加率で推移、残り15製品は販売数が減少」なら「増加した製品の
数のほうが少ない」（誤）➡ どちらともいえない

キ　推論カと同様で、個々の製品の推移が不明のため、どちらともいえ
ない ➡ どちらともいえない

正解　（1）F　（2）E

練習問題 ③ 推論（その他）

数色のペンが入った箱がある。箱の中のペンについて、次のような3通りの情報があった。

P　箱の中には少なくとも2色のペンが入っている

Q　箱の中には黒いペンが5本と赤いペンが7本入っている

R　箱の中には黒いペンと赤いペンが入っている

以上の情報は、必ずしもすべてが信頼できるとは限らない。そこで、種々の場合を想定して推論がなされた。

(1) 次の推論ア、イ、ウのうち、正しいものはどれか。AからHまでの中から1つ選びなさい。

ア　Pが正しければQも必ず正しい

イ　Qが正しければRも必ず正しい

ウ　Rが正しければPも必ず正しい

A　アだけ　　　　B　イだけ　　　　C　ウだけ　　　　D　アとイの両方

E　アとウの両方　F　イとウの両方　G　アとイとウのすべて

H　正しい推論はない

(2) 次の推論カ、キ、クのうち、正しいものはどれか。AからHまでの中から1つ選びなさい。

カ　Pが正しければRも必ず正しい

キ　Qが正しければPも必ず正しい

ク　Rが正しければQも必ず正しい

A　カだけ　　　　B　キだけ　　　　C　クだけ　　　　D　カとキの両方

E　カとクの両方　F　キとクの両方　G　カとキとクのすべて

H　正しい推論はない

✖ 解　説

2つの情報を比べて「〜が正しければ〜も必ず正しい」という関係が成り立つ
か考える。

（1）（2）で、P、Q、Rすべての関係（計6つ）が問われる。効率よく解くた
めに、最初にP、Q、Rすべての関係を明らかにしよう。

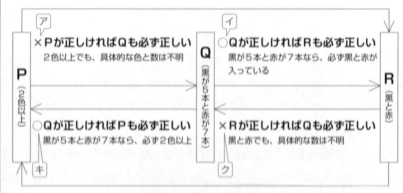

カ　✖ **Pが正しければRも必ず正しい**
2色以上でも、具体的な色は不明（例えば茶と黄かもしれない）

ア　✖ **Pが正しければQも必ず正しい**
2色以上でも、具体的な色と数は不明

イ　○ **Qが正しければRも必ず正しい**
黒が5本と赤が7本なら、必ず黒と赤が入っている

P（2色以上）　**Q**（黒が5本と赤が7本）　**R**（黒と赤）

キ　○ **Qが正しければPも必ず正しい**
黒が5本と赤が7本なら、必ず2色以上

ク　✖ **Rが正しければQも必ず正しい**
黒と赤でも、具体的な数は不明

ウ　○ **Rが正しければPも必ず正しい**
黒と赤なら、必ず2色以上

（1）正しいのはイとウ。

（2）正しいのはキ。

正解　（1）**F**　（2）**B**

　赤い石が3個、青い石が2個、緑の石が1個あり、P、Q、R、S、T、Uの6人で1個ずつ分けた。それぞれがもらった石について、次のことがわかっている。

　　Ⅰ）PとSは違う色の石をもらった

　　Ⅱ）QとSは違う色の石をもらった

（1）PとQが違う色の石をもらった場合、緑の石をもらった可能性がある人はだれか。AからFまでの中から、当てはまるものをすべて選びなさい。

　　A　P　　　B　Q　　　C　R　　　D　S　　　E　T　　　F　U

（2）Sが赤い石をもらい、Rが赤以外の色の石をもらった場合、緑の石をもらった可能性がある人はだれか。AからFまでの中から、当てはまるものをすべて選びなさい。

　　A　P　　　B　Q　　　C　R　　　D　S　　　E　T　　　F　U

設問からわかることは、以下の通り。あとは、（1）（2）の情報を加えて考える。

P ← I）違う色 → S ← Ⅱ）違う色 → Q

Pと同じ色かどうかは不明

（1）PとQが違う色の場合、P、Q、Sの3人は違う色（3人分で3色）をもらったことになる。緑の石は1個しかないので、緑の石をもらった可能性がある人は、P、Q、S。

── 設問より違う色 ──

P ← I）違う色 → S ← Ⅱ）違う色 → Q
1色め　　　　　2色め　　　　　3色め

（2）Sが赤の場合、Sと違う色のPとQは、青か緑。また、設問よりRは赤以外なので青か緑。つまり、P、Q、Rの3人は、いずれも青か緑。青と緑の石は合わせて3個なので、もらったのはこの3人だけ。緑の石をもらった可能性がある人は、P、Q、R。

※ここには登場しなかったTとUは、赤い石をもらった。

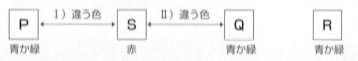

P ← I）違う色 → S ← Ⅱ）違う色 → Q　　　R
青か緑　　　　　赤　　　　　青か緑　　　　青か緑

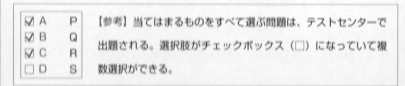

☑ A　P
☑ B　Q
☑ C　R
☐ D　S

【参考】当てはまるものをすべて選ぶ問題は、テストセンターで出題される。選択肢がチェックボックス（☐）になっていて複数選択ができる。

正解　（1）A、B、D　（2）A、B、C

4 図表の読み取り

ここがポイント!

筆算の「勘」を取り戻しておくこと

◉ 短時間で、図表を読み取って計算する

◉ 情報を整理するスピードと、計算速度が決め手

◉ 本番では電卓は使えない。練習も筆算で!

【例題】

州名	総土地面積 (km²)	林野面積 (km²)	主要湖沼面積 (km²)	可住地面積 (km²)	民有地面積 (km²)	民有宅地面積 (km²)	宅地化率
S州	13872	9423	96			434	7.0%
T州		862	8	1951	1374	513	37.3%
U州	12073	8396	64	3613	3850	231	
V州	7534	5042		2422	2725		8.0%
W州	4896		13	3120	3403	874	25.7%
⋮	⋮	⋮	⋮	⋮	⋮	⋮	⋮
全国合計	377870	249387			162485	15826	9.7%

表中の可住地面積は、次の式で表される。

可住地面積＝総土地面積 － (林野面積＋主要湖沼面積)

また、表中の宅地化率は、次の式で表される。

$$宅地化率＝\frac{民有宅地面積}{民有地面積}×100$$

(問) S州の可住地面積は何k㎡か。

A 1602k㎡　B 2975k㎡　C 3819k㎡　D 4103k㎡

E 4313k㎡　F 4353k㎡　G 4545k㎡

H AからGのいずれでもない

カンタン解法

表の下に書かれている計算式を使って計算する。

可住地面積＝総土地面積－（林野面積＋主要湖沼面積）

⬇ 使うデータは

州名	総土地面積(k㎡)	林野面積(k㎡)	主要湖沼面積(k㎡)	可住地面積(k㎡)	民有地面積(k㎡)	民有宅地面積(k㎡)	宅地化率
S州	13872	9423	96			434	7.0%

総土地面積　林野面積　主要湖沼面積　可住地面積

13872 －（9423 ＋ 96）＝ 4353

正解 F

練習問題 ① 図表の読み取り

※【例題】の続き（組問題。枠内の文章は【例題】と同じ）

州名	総土地面積 (k㎡)	林野面積 (k㎡)	主要湖沼面積 (k㎡)	可住地面積 (k㎡)	民有地面積 (k㎡)	民有宅地面積 (k㎡)	宅地化率
S州	13872	9423	96	☐	☐	434	7.0%
T州	☐	862	8	1951	1374	513	37.3%
U州	12073	8396	64	3613	3850	231	☐
V州	7534	5042	☐	2422	2725	☐	8.0%
W州	4896	☐	13	3120	3403	874	25.7%
⋮	⋮	⋮	⋮	⋮	⋮	⋮	⋮
全国合計	377870	249387	☐	☐	162485	15826	9.7%

表中の可住地面積は、次の式で表される。

　　可住地面積＝総土地面積 －（林野面積＋主要湖沼面積）

また、表中の宅地化率は、次の式で表される。

$$宅地化率＝\frac{民有宅地面積}{民有地面積}×100$$

（1）T州の総土地面積は何k㎡か。

A　1931k㎡　　B　2562k㎡　　C　2821k㎡　　D　2832k㎡

E　2871k㎡　　F　3193k㎡　　G　3901k㎡　　H　AからGのいずれでもない

（2）U州の宅地化率は何%か（必要なときは、最後に小数点以下第2位を四捨五入すること）。

A　4.0%　　B　6.0%　　C　8.2%　　D　11.4%

E　14.0%　　F　18.2%　　G　23.0%　　H　AからGのいずれでもない

(3) V州の民有宅地面積は何km²か（必要なときは、最後に小数点以下第1位を四捨五入すること）。

A 75km²　　B 120km²　　C 192km²　　D 218km²

E 341km²　　F 603km²　　G 2402km²　　H AからGのいずれでもない

❈ 解 説 ❈

（1）は例題と同じ可住地面積の計算式、（2）（3）は宅地化率の計算式（表の下にある、もう1つの計算式）で計算する。

（1）可住地面積　　　総土地面積　　　林野面積　　　主要湖沼面積
$$1951km² = x\ km² - (862km² + 8km²)$$
$$x = 1951 + 870$$
$$x = 2821km²$$

（2）民有宅地面積　　　　宅地化率
$$\frac{231km²}{3850km²} \times 100 = 6\%$$
民有地面積

（3）民有宅地面積　　　　宅地化率
$$\frac{x}{2725km²} \times 100 = 8\%$$
民有地面積

$$x = 8 \times 2725 \div 100$$
$$x = 218km²$$

正解　（1）C　（2）B　（3）D

あるCDレンタル店では、下表のように料金を設定している。例えば、「新作CD」を1枚借りて2泊3日で返却したときは、500円かかる。

CDのレンタル料金（1枚）

	レンタル料金	レンタル期間	延長料金
新作CD	300円	1泊2日	200円
旧作CD	200円	7泊8日まで	
CDシングル	150円	1泊2日	100円

・延長料金とは、1枚につき1泊延長するごとにかかる料金である。

(1)「新作CD」を3枚と「旧作CD」を4枚借りて、4泊5日で返却する場合、料金は合計でいくらになるか。

A　1700円　　B　2150円　　C　2300円　　D　2700円

E　3500円　　F　4200円　　G　5900円　　H　AからGのいずれでもない

(2)「CDシングル」を5枚以上借りると、「CDシングル」の「レンタル期間」が2泊3日までになる。「CDシングル」を14枚と「新作CD」を2枚借りて、3泊4日で返却する場合、料金は合計でいくらになるか。

A　2700円　　B　3900円　　C　4900円　　D　5150円

E　5600円　　F　6300円　　G　7200円　　H　AからGのいずれでもない

❈ 解 説 ❈

（1）新作CDは2泊目以降が延長料金。

     レンタル料金 延長料金 延長期間 枚数 合計

新作 ➡ （300円 ＋ （200円 × 3泊）） × 3枚＝2700円 ⎫ 計
旧作 ➡ 200円   × 4枚＝800円 ⎭ 3500円

（2）CDシングルは3泊目、新作CDは2泊目以降が延長料金。

      レンタル料金 延長料金 延長期間 枚数 合計

シングル ➡ （150円 ＋ （100円 × 1泊）） × 14枚＝3500円 ⎫ 計
新作 ➡ （300円 ＋ （200円 × 2泊）） × 2枚＝1400円 ⎭ 4900円

※ CDシングルは5枚以上借りたので、延長料金が発生するのは3泊目以降。

正解 （1）E （2）C

　下表は、F山の頂上、Gの家、高校、図書館、Hビルの各地点の間の標高差を表したものである。

（単位 m）

基準地点	F山の頂上	Gの家	高校	図書館	Hビル
F山の頂上		－ 110	－ 135		
Gの家	110				－ 30
高校	135			－ 20	
図書館			20		
Hビル		30			

この表から、例えばGの家よりも、F山の頂上は110m高い位置にあり、Hビルは30m低い位置にあることがわかる。このとき、「Gの家に対する、F山の頂上の標高差は110m」、「Gの家に対する、Hビルの標高差は－30m」と表すことにする。

（1）図書館に対する、Gの家の標高差は何mか。

　　A　－90m　　　B　－45m　　　C　－25m　　　D　－10m

　　E　　10m　　　F　　25m　　　G　　45m　　　H　　90m

（2）F山の頂上に対する、Hビルの標高差は何mか。

　　A　－295m　　B　－245m　　C　－165m　　D　－140m

　　E　　140m　　F　　165m　　G　　245m　　H　　295m

解　説

位置関係を書き出すと、わかりやすい。

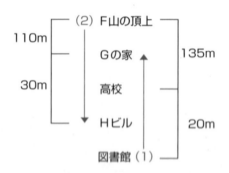

答えるときは、見上げるものはプラス、見下ろすものはマイナスの数値になることに注意。

(1) Gの家は、図書館から見上げた位置にある。よって答えはプラス。
計算には、F山との標高差を利用する。
20m＋（135m－110m）＝45m

(2) Hビルは、F山の頂上から見下ろした位置にある。
よって答えはマイナス。
－110m＋（－30m）＝－140m

正解 （1） G　（2） D

練習問題 ④ 図表の読み取り

主な都市の月別平均気温（抜粋）

（単位 ℃）

都市＼月	2月	5月	8月	11月
P市	3.4	17.2	31.4	
Q市	−6.3	7.9	24.2	4.7
R市	1.7	18.3	29.8	16.5
S市		21.7	32.0	21.3
T市	3.1	16.9	30.6	17.1

(1) Q市の2月と、R市の8月の平均気温の差は何℃か。

A 23.5℃ B 28.1℃ C 36.1℃ D 36.9℃ E 38.3℃

(2) T市では、8月と11月の間の3ヵ月間に、平均気温は1ヵ月あたりどれだけ低下するか（必要なときは、最後に小数点以下第2位を四捨五入すること）。

A 3.0℃ B 3.4℃ C 4.0℃ D 4.5℃ E 6.8℃

(3) S市の2月の平均気温は、Q市の2月の平均気温より10.1℃高い。S市の2月の平均気温は何℃か。

A 3.8℃ B 4.1℃ C 4.8℃ D 10.1℃ E 16.4℃

(4) 気温は上空にいくほど下がる。その下がり方を100mにつきX℃として、P市上空400mにおける気温が15℃と仮定する。P市の地上（0m）における気温Y℃を求める式は、次のうちどれか。

A $Y = (15 - \frac{100}{400}) X$ B $Y = (15 + \frac{400}{100}) X$ C $Y = 15 - \frac{400}{100} X$

D　$Y = 15 - \dfrac{100}{400} X$　　　E　$Y = 15 + \dfrac{400}{100} X$

❈　解　説　❈

(1) 平均気温が高いほうから、低いほうを引く。

R市8月　　　Q市2月　　　　　　　　　　　平均気温の差
$29.8℃ - (-6.3℃) = 29.8 + 6.3 = 36.1℃$

> マイナスのマイナスは、
> プラス

(2) T市の8月と11月の平均気温の差を求めてから、3で割ると、1ヵ月
あたりどれだけ低下したかがわかる。

T市8月　　T市11月　3ヵ月　　　　　　　1ヵ月あたり低下
$(30.6℃ - 17.1℃) ÷ 3 = 13.5 ÷ 3 = 4.5℃$

(3) Q市の2月の平均気温に10.1℃を足すと、S市の2月の平均気温がわか
る。

Q市2月　　10.1℃高い　　　　　　　　S市の2月
$-6.3℃ + 10.1℃ = 10.1 - 6.3 = 3.8℃$

> 式の順番を入れ替えて、
> −6.3を後ろにする

(4) 上空にいくほど気温が下がるのだから、地上は上空よりも気温が高い（足
し算）。100mにつきX℃だから、400mは4X℃。これを、400mの
気温15℃に足すと「Y = 15 + 4X」。このままでは、選択肢に答えがな
いが、「4X」を「$\dfrac{400}{100} X$」と分数に直せば、Eが当てはまる。

> 「$4X = \dfrac{4}{1} X$」。分子と分母に100をかけると「$\dfrac{400}{100} X$」

正解　(1) C　(2) D　(3) A　(4) E

5 集合

情報をうまく整理する

◎超過人数が、両方に該当する人

◎困ったら図示してみる

【例題】

> ある会社で、社員250人を対象にスポーツ教室を行うことにした。水泳とウォーキングの希望者を募ったところ、水泳を希望した人は65人、ウォーキングを希望した人は130人だった。また、どちらも希望しなかった人は90人いた。

（1）水泳とウォーキングの両方を希望した人は何人か。

A	5人	B	15人	C	25人	D	35人
E	45人	F	55人	G	65人	H	AからGのいずれでもない

（2）どちらも希望しなかった人のうち40パーセントは、普段スポーツをしている。普段スポーツをしないし、スポーツ教室も希望しなかった人は何人か。

A	10人	B	24人	C	36人	D	40人
E	45人	F	54人	G	63人	H	AからGのいずれでもない

カンタン解法

(1) すべての社員が「水泳希望」「ウォーキング希望」「両方希望しない」のいずれかに該当する。3つを足して、社員数を超えた分が、両方希望の人数。

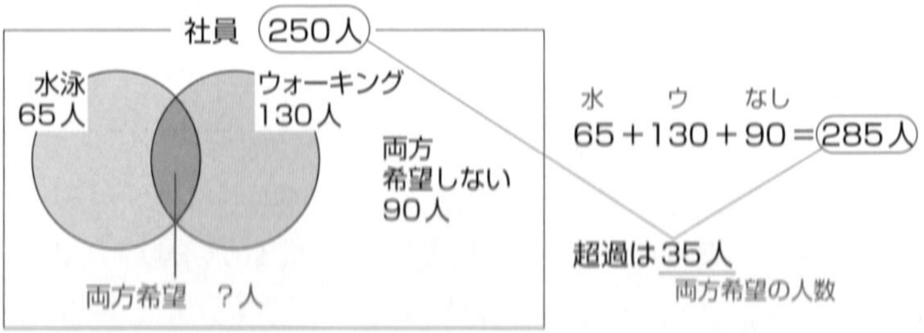
社員 250人
水泳
65人
ウォーキング
130人
両方
希望しない
90人
両方希望 ？人
水 ウ なし
65＋130＋90＝285人
超過は35人
両方希望の人数

(2)「どちらも希望しなかった人」の情報だけ使って計算すればよい。設問の情報量に惑わされないこと。

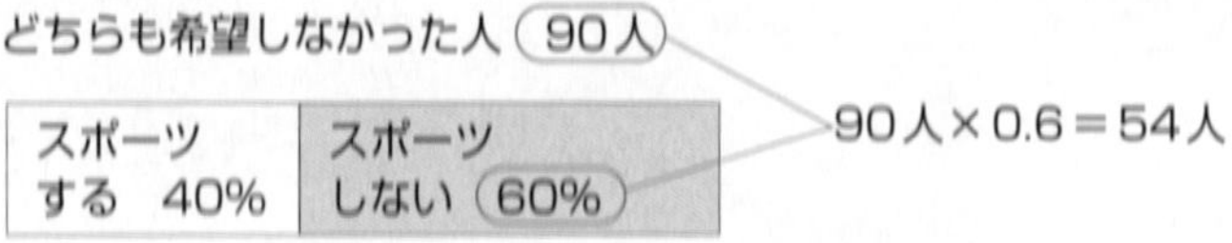
どちらも希望しなかった人 90人
スポーツ
する 40%
スポーツ
しない 60%
90人×0.6＝54人

正解 (1) D (2) F

練習問題 ① 集合

ある地域で購読している新聞について世帯ごとに調査したところ、S新聞を購読している世帯は全体の30%、T新聞を購読している世帯は全体の40%、S新聞もT新聞も購読していない世帯は全体の40%だった。

(1) S新聞、T新聞の両方を購読している世帯は全体の何%か。

    A 10%   B 20%   C 30%   D 40%

    E 50%   F 60%   G 70%   H AからGのいずれでもない

(2) この地域でU新聞を購読している世帯は、S新聞を購読している世帯のうちの30%と、S新聞もT新聞も購読していない世帯のうちの60%だった。また、T新聞を購読している世帯でU新聞も購読している世帯はなかった。このとき、U新聞を購読している世帯は全体の何%か。

    A 9%   B 15%   C 24%   D 33%

    E 42%   F 49%   G 55%   H AからGのいずれでもない

2章
集合

（1）すべての世帯が「S新聞を購読」「T新聞を購読」「どちらも購読していない」のいずれかに該当する。3つを足して、100%を超えた分が両方購読している世帯。

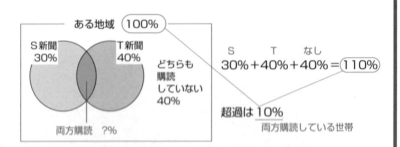

（2）U新聞を購読している世帯は、以下のいずれか。

①Sを購読している世帯の30% ➡ $0.3 \times 0.3 = 0.09$
　30%

計$0.33 = 33\%$

②SもTも購読していない世帯の60% ➡ $0.4 \times 0.6 = 0.24$
　40%

正解　（1）A　（2）D

練習問題 ② 集合

　あるスーパーで顧客にアンケートを行ったところ、320人から回答を得た。表は調査項目と集計結果の一部である。

調査項目	満足している	不満がある
商品	190人	130人
接客	240人	80人
価格	215人	105人

(1) 商品と価格の両方について「満足している」人は180人だった。価格については「満足している」が、商品については「不満がある」人は何人か。

　　A　5人　　B　10人　　C　15人　　D　20人　　E　25人　　F　30人

　　G　35人　　H　40人　　I　45人　　J　AからIのいずれでもない

(2) 接客については「満足している」が、価格については「不満がある」人は60人だった。接客と価格の両方について「不満がある」人は何人か。

　　A　20人　　B　25人　　C　30人　　D　35人　　E　40人　　F　45人

　　G　50人　　H　55人　　I　60人　　J　AからIのいずれでもない

⚬ 解 説 ⚬

（1）「価格は満足だが商品に不満」の人は、「価格に満足」から「商品にも満足（商品と価格の両方に満足）」を引けばよい。

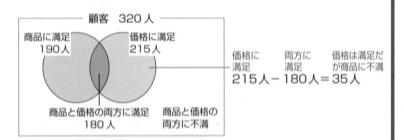

（2）320人から、「接客は満足だが価格に不満」と「価格に満足」を除くと、残りが「接客と価格の両方に不満」の人。

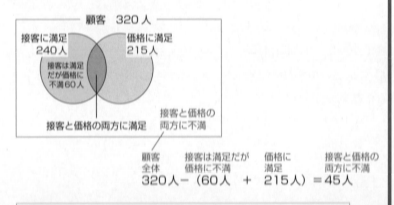

【別解】「価格に不満」の105人から、「接客には満足（価格は不満だが接客に満足）」の60人を引いてもよい。105人－60人＝45人

正解　（1）G　（2）F

練習問題 ③ 集合

> ある地域の住人270人に好きな樹木について聞いたところ、以下のような結果だった。
>
> 　　梅が好きな人　163人
>
> 　　松が好きな人　106人
>
> 　　竹が好きな人　132人

（1）梅と松の両方が好きな人が65人、竹だけが好きな人は52人だった。梅、松、竹のいずれも好きではない人は何人いるか。

　　A　6人　　　B　10人　　　C　12人　　　D　14人　　　E　16人　　　F　30人

　　G　52人　　　H　79人　　　I　82人　　　J　AからIのいずれでもない

（2）（1）に加え、松と竹の両方が好きな人は、竹だけが好きな人の $\frac{1}{2}$ だった。梅、松、竹のすべてが好きな人が9人だとすると、松と竹の両方が好きだが、梅は好きでない人は何人いるか。

　　A　6人　　　B　8人　　　C　11人　　　D　14人　　　E　15人　　　F　17人

　　G　20人　　　H　26人　　　I　59人　　　J　AからIのいずれでもない

(1) 住人270人から「竹だけが好きな人」と「梅か松か少なくともどちらか一方は好きな人」を引く。残りが「梅、松、竹のいずれも好きではない人」。

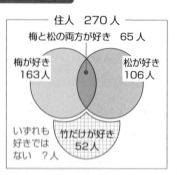

住人　270人

梅と松の両方が好き　65人

梅が好き
163人

松が好き
106人

いずれも
好きでは
ない　？人

竹だけが好き
52人

※「梅か松か少なくともどちらか一方は好き」は、「梅が好き」と「松が好き」を足して「梅と松の両方が好き」（ダブり）を引く。

梅が好き　　松が好き　　両方好き　　梅か松か少なくともどちらか一方は好き
163人 ＋ 106人 － 65人 ＝ 204人

住人　　竹だけ好き　梅か松か少なくともどちらか一方は好き　いずれも好きではない
270人 － 52人 － 　204人　　　　　　　　　　 ＝ 14人

(2)「松と竹の両方が好きな人」から、「梅も好きな人（梅、松、竹のすべてが好きな人)」を引く。

※「松と竹の両方が好きな人」は、設問に「竹だけが好きな人（52人）の $\frac{1}{2}$」とあるので計算する。

住人　270人

梅が好き
163人

松が好き
106人

すべて
好き
9人

竹だけが好き
52人

竹が好き　132人

松と竹の両方が好き

竹だけ（52人）の $\frac{1}{2}$

松と竹の両方が好きだが、
梅は好きでない　？人

竹だけ好き　　　　　　　　松と竹の両方が好き
52人 × $\frac{1}{2}$ ＝ 52 ÷ 2 ＝ 26人

松と竹の両方が好き　梅も好き　松と竹の両方が好きだが、梅は好きでない
26人　　　　　 － 9人 ＝ 17人

正解　(1) D　(2) F

6 料金の割引

ここがポイント！

定価 ×（1 −割引率）＝ 割引価格

◉ 定価の 20%引き ➡ 定価 × 0.8 ┐ 100円の20%引きは80円

　　　　3割引 ➡ 定価 × 0.7

◉ 20% ➡ 0.2　3割 ➡ 0.3　100% ➡ 1

【例題】

> あるペットホテルの料金は、1日1匹につき、小型犬は3000円、大型犬は5000円である。また、一度に小型犬、大型犬を合わせて6匹以上預ける場合は、小型犬は10%引き、大型犬は20%引きになる。

（1）小型犬2匹と大型犬3匹を2日間預けると、料金は合計でいくらになるか。

A　16000円　　　　B　21000円　　　　C　34800円　　　　D　40000円

E　42000円　　　　F　50000円　　　　G　54000円

H　AからGのいずれでもない

（2）小型犬3匹と大型犬4匹を3日間預けると、料金は合計でいくらになるか。

A　63100円　　　　B　63800円　　　　C　67420円　　　　D　72300円

E　76500円　　　　F　79040円　　　　G　81310円

H　AからGのいずれでもない

カンタン解法

預けた犬が、計6匹以上なら割引。それより少なければ定価。

（1）計5匹なので定価で計算する。

1日あたりの料金を計算

小型犬 ➡ 3000円×2匹＝ 6000円
大型犬 ➡ 5000円×3匹＝15000円
} 計21000円

日数をかける

21000円×2日＝42000円

（2）計7匹なので割引料金で計算する。

1日あたりの料金を計算

小型犬 ➡ 3000円×0.9×3匹＝ 8100円（0.9：10%引き）
大型犬 ➡ 5000円×0.8×4匹＝16000円（0.8：20%引き）
} 計24100円

日数をかける

24100円×3日＝72300円

正解（1）E （2）D

2章 料金の割引

練習問題 ① 料金の割引

あるOA機器は、リース料金が1ヵ月7万円であるが、6ヵ月以上連続して借りた場合は、7ヵ月目以降のリース料金が正規料金の30%引きになる。また、1年以上連続して借りた場合は、13ヵ月目以降のリース料金が正規料金の50%引きになる。

(1) OA機器を連続して9ヵ月借りた場合、リース料金の合計はいくらになるか。

A 315000円 B 441000円 C 520000円 D 567000円

E 580000円 F 630000円 G 693000円

H AからGのいずれでもない

(2) OA機器を連続して15ヵ月借りた場合、リース料金の合計はいくらになるか。

A 525000円 B 581000円 C 651000円 D 735000円

E 819000円 F 861000円 G 889000円

H AからGのいずれでもない

（1）正規料金で考えて何ヵ月分を払うのかを計算。その後で合計金額を計算。

払うのは
何ヵ月分？ ➡ 9ヵ月－(0.3×3ヵ月) ＝ 8.1ヵ月

割引される分

手早く暗算できる！

7万円×8.1ヵ月＝56.7万円

【参考】割引問題は、工夫しだいでいろいろな解き方ができる。練習段階で何種類かの解き方に慣れておき、問題に応じて臨機応変に解くのが一番。例えば、この問題は以下のような解き方ができる。

【別解1】例題と同じ方法で解くなら

1〜6ヵ月目 ➡ 7万円×6ヵ月＝42万円

7〜9ヵ月目 ➡ 7万円×0.7×3ヵ月＝14.7万円

30％引き

計 56.7万円

【別解2】9ヵ月分の正規料金を計算。そこから3ヵ月分の割引額を引く。

正規 ➡ 7万円×9ヵ月＝63万円から

割引額 ➡ 7万円×0.3×3ヵ月＝6.3万円を引く

計 56.7万円

（2）これも何ヵ月分払うのかを出してから、合計金額を計算。

払うのは
何ヵ月分？ ➡ 15ヵ月－(0.3×6ヵ月＋0.5×3ヵ月) ＝ 11.7ヵ月

割引される分

7万円×11.7ヵ月＝81.9万円

正解 （1）D （2）E

練習問題 ❷ 料金の割引

ある展望台と資料館の入場料は、下表の通りである。ただし、（　　）内は1枚で11人入場できる団体割引券の価格である。

入場料金　　　　　　　　　　　　　　　　　　（単位　円）

	大人	中学生
展望台	900（9000）	450（4500）
資料館	600（6000）	300（3000）
展望台・資料館セット	1300（13000）	700（7000）

（1）大人5人と中学生18人のグループが、「展望台・資料館セット」の入場券を購入するとき、最も安く購入しようとすると総額でいくらになるか。

A　6500円　　　　B　11900円　　　　C　17100円　　　　D　18400円

E　19100円　　　　F　19800円　　　　G　21100円

H　AからGのいずれでもない

（2）大人26人のグループのうち、12人が「展望台・資料館セット」を、11人が「展望台」のみを、残りが「資料館」のみの入場券を購入するとき、最も安く購入しようとすると総額でいくらになるか。

A　25100円　　　　B　26000円　　　　C　26400円　　　　D　26600円

E　27300円　　　　F　28000円　　　　G　32500円

H　AからGのいずれでもない

�帯 解　　説 ✕

（1）中学生 11 人は団体割引券、他は通常料金で計算。

大人 ➡ 1300円×5人＝6500円

中学生 ➡ 7000円＋（700円×7人）＝11900円

11人分

} 計18400円

> 【別解】中学生の料金は、1人分が無料と考えてもよい。
>
> ※団体割引により「10人の料金で、11人入場」できるため。
>
> 中学生 ➡ 700円×（18－1）人＝11900円
>
　　　　　　　　　　　　無料

（2）セットの11人と、展望台のみの11人が団体割引券。

セット ➡ 13000円＋（1300円×1人）＝14300円

展のみ ➡ 9000円

資のみ ➡ 600円×3人＝1800円

} 計25100円

> 【別解】（1）の別解と同様に、セットは1人分が無料と考えてもよい。
>
> セット ➡ 1300円×（12－1）人＝14300円

正解（1）**D**　（2）**A**

7 損益算

ここがポイント！

仕入れ値×(1＋利益の割合)＝定価または売価
仕入れ値×　　　利益の割合　＝利益

◉定価×(1－割引率)＝売価

◉売価－仕入れ値＝利益

【例題】

> ある店では、原価に3割5分の利益をのせて定価を設定している。

(1) 定価810円の商品の原価はいくらか（必要なときは、最後に小数点以下第1位を四捨五入すること）。

A　284円	B　324円	C　405円	D　527円
E　600円	F　729円	G　891円	

　　H　AからGのいずれでもない

(2) 原価300円の商品を定価で売って、1万円以上の利益を得るには、この商品を最低何個売ればよいか。

A　20個	B　25個	C　34個	D　52個
E　60個	F　84個	G　96個	

　　H　AからGのいずれでもない

カンタン解法

(1) 不明な原価「x」を、定価の公式に当てはめる。　※原価＝仕入れ値

原価　(1＋利益の割合)　定価

x　×　1.35　＝810円

＝810円÷1.35

x　＝600円

(2) 設問から「原価に3割5分の利益をのせ」たのが定価。つまり、原価に3割5分（0.35）を掛ければ、1個あたりの利益がわかる。

原価　利益の割合　1個の利益

300円×0.35 ＝ 105円

合計で「1万円以上」の利益を得るために必要な商品数を計算。

目標の利益　1個の利益　いくつ売ればいいか

10000円 ÷ 105円　＝95.2…

➡ 95個だと目標に足りない。96個。

【小数点以下は切り上げる！】

×切り捨てだと　105円×95個＝9975円　足りない！

○切り上げだと　105円×96個＝10080円　目標達成！

正解　(1) E　(2) G

練習問題 ① 損益算

商店で、ある商品を仕入れて、定価を750円に決めた。

（1）この商品を、20％引きで売ったところ、仕入れ値の20％の利益を得た。商品の仕入れ値はいくらか。

A　30円	B　120円	C　300円	D　480円
E　500円	F　600円	G　625円	H　840円
I　1050円	J　AからIのいずれでもない		

（2）別の商品には、200円の利益をのせて定価を決めた。この商品を定価の2割引で売ったところ、利益は商品1個あたり30円になった。この商品の仕入れ値はいくらか。

A　40円	B　130円	C　170円	D　230円
E　650円	F　850円	G　1020円	H　1224円
I　1530円	J　AからIのいずれでもない		

（1）情報を以下の２つに整理して、順番に式にする。

①定価「750円」の商品を、「20%」引きで売った。

②「①」の利益は、仕入れ値の「20%」だった。

> つまり、仕入れ値に、
> 「20%」の利益を足すと売価

① 　定価　　　（1－割引率）　　　売価
$$750円 \times 0.8 = 600円$$

②仕入れ値　　（1＋利益の割合）　　売価
$$x \times 1.2 = 600円$$
$$x = 600円 \div 1.2$$
$$x = 500円$$

（2）情報を以下の２つに整理。不明な「仕入れ値」と「定価」を、xとyとする。

①仕入れ値に対して、「200円」の利益をのせて定価を決めた。

②定価の「2割引」で売ったら、利益は1個「30円」。

$$\begin{cases} \text{①仕入れ値} \quad \text{利益} \quad \text{定価} \\ \quad x \quad +200円 = y \\ \\ \text{②} \quad \text{定価} \quad (1-割引率) \quad 仕入れ値 \quad 利益 \\ \quad (\quad y \quad \times \quad 0.8 \quad) - \quad x \quad = 30円 \end{cases}$$

②に①を代入して解く。

$$(\quad \underline{y} \quad \times 0.8) - \quad x \quad = 30円$$
$$(\underline{(x+200円)} \times 0.8) - \quad x \quad = 30円$$

yに①を代入

$$0.8x - x = 30 - 160$$
$$-0.2x = -130$$
$$x = 650$$

正解　（1）E　（2）E

2章 損益算

練習問題 ② 損益算

ある店では、定価の3割引で売ると250円の利益が得られるように価格を設定している。

（1）仕入れ値が590円の商品を定価で売ったときの利益はいくらか。

A	280円	B	340円	C	360円	D	480円
E	610円	F	700円	G	840円	H	1092円
I	1200円	J	AからIのいずれでもない				

（2）定価の1割引で売ったときの利益が730円だったとすると、この商品の定価はいくらか。

A	1000円	B	1600円	C	1840円	D	2400円
E	2680円	F	3060円	G	3650円	H	4000円
I	4800円	J	AからIのいずれでもない				

❈ 解 説 ❈

（1）仕入れ値「590円」に、利益「250円」をのせたのが、定価の3割引
のときの売価。①3割引での売価を求めて、②売価から定価を計算、③
定価から仕入れ値を引くと、「定価で売ったときの利益」がわかる。

①仕入れ値 3割引での利益 3割引での売価
590円 ＋ 250円 ＝ 840円

②定価 （1－割引率） 3割引での売価
x × 0.7 ＝ 840円

x ＝ 840円 ÷ 0.7

x ＝ 1200円

③ 定価 仕入れ値 定価での利益
1200円 － 590円 ＝ 610円

（2）3割引から1割引に変えると、割引を減らした分の「定価の2割」相当
の金額が、すべて利益にまわる。そこから「利益の差額＝定価の2割の
金額」と考えて、定価を計算する。

1割引での利益 3割引での利益 利益の差額（定価の2割の金額）
730円 － 250円 ＝ 480円

定価 2割 定価の2割の金額
x × 0.2 ＝ 480円

x ＝ 480円 ÷ 0.2

x ＝ 2400円

正解 （1）E （2）D

8 割合・比

割合の公式に置き換える

◎ **全体数×内訳Aの割合＝内訳Aの数**

◎ 10個のうち20% ➡ 10個×0.2＝2個

◎ 20%の数が2個 ➡ 全体×0.2＝2個

【例題】

> ある国の博物館総数のうち40%が人文科学系博物館で、その数は232館である。

（1）博物館総数のうち35%が自然科学系博物館である。その数はいくつか。

A　81館　　　B　93館　　　C　155館　　　D　186館

E　203館　　　F　210館　　　G　262館

H　AからGのいずれでもない

（2）総合博物館の数は82館である。総合博物館の数は博物館総数の何%か（必要なときは、最後に小数点以下第2位を四捨五入すること）。

A　9.8%　　　B　12.0%　　　C　14.1%　　　D　16.3%

E　18.2%　　　F　20.0%　　　G　23.9%

H　AからGのいずれでもない

❀ カンタン解法 ❀

（1）設問文を図にすると、以下の通り。①博物館総数を求め、②自然科学系
博物館の数を計算する。

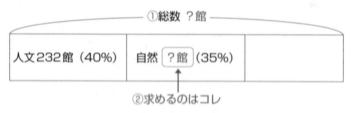

①総数 ？館

| 人文232館（40%） | 自然 ？館 （35%） | |

②求めるのはコレ

① 博物館総数

$\underset{\text{総数}}{x} \times \underset{\text{「人文」割合}}{0.4} = \underset{\text{「人文」数}}{232館}$

40%＝0.4　x ＝232館÷0.4＝⑤80館 博物館総数

② 自然科学系
博物館の数

$\underset{\text{総数}}{580館} \times \underset{\text{「自然」割合}}{0.35} = \underset{\text{「自然」数}}{203館}$ これが答え！

35%＝0.35

（2）前問で求めた「博物館の総数」を使い、総合博物館の割合を計算。

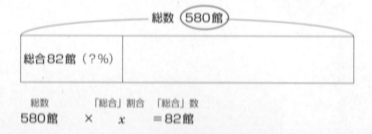

総数 580館

| 総合82館（？%） | |

$\underset{\text{総数}}{580館} \times \underset{\text{「総合」割合}}{x} = \underset{\text{「総合」数}}{82館}$

x ＝82÷580

＝0.1413… ➡ 14.1% これが答え！

正解 （1）E　（2）C

練習問題 ① 割合・比

ある会社の社員が体力測定を受けた。結果判定を、甲、乙、丙の３段階でつけたところ、甲が20%、乙が50%、丙が30%だった。また、普段、運動をしているかどうかを調べたところ、判定が甲だった人のうち70%、乙だった人のうち30%、丙だった人のうち10%が、普段運動をしていた。

（1）判定が丙で、普段運動を<u>していない</u>人は全体の何%か（必要なときは、最後に小数点以下第１位を四捨五入すること）。

    A　3%　　　B　14%　　　C　20%　　　D　27%

    E　30%　　　F　35%　　　G　50%

    H　AからGのいずれでもない

（2）普段運動をしている人は全体の何%か（必要なときは、最後に小数点以下第１位を四捨五入すること）。

    A　30%　　　B　32%　　　C　34%　　　D　36%

    E　40%　　　F　44%　　　G　48%

    H　AからGのいずれでもない

❈ 解 説 ❈

設問文を図にすると、以下の通り。

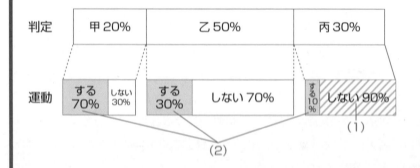

(1) 丙　　　うち運動しない人　　　丙で運動しない人
　　0.3　×　　0.9　　＝0.27 ➡ 27%

(2) 甲で運動する人　　乙で運動する人　　丙で運動する人　　普段運動する人
　　(0.2×0.7) ＋ (0.5×0.3) ＋ (0.3×0.1) ＝0.32 ➡ 32%

正解 (1) D (2) B

2章
割合・比

沖縄旅行のツアー客のうち、今回初めて沖縄に行く人は $\dfrac{3}{8}$ だった。今回が初めての沖縄旅行ではない人の $\dfrac{2}{3}$ は、今回が2回目または3回目の沖縄旅行であると答えた。

(1) 今回が2回目または3回目の沖縄旅行であると答えた人のうち、今回が2回目の沖縄旅行である人は $\dfrac{1}{2}$ だった。今回が2回目の沖縄旅行である人は、沖縄旅行のツアー客のうちどれだけか。

    A $\dfrac{1}{24}$ B $\dfrac{1}{12}$ C $\dfrac{1}{8}$ D $\dfrac{1}{6}$

    E $\dfrac{5}{24}$ F $\dfrac{1}{4}$ G $\dfrac{1}{3}$

    H AからGのいずれでもない

(2) 今回で沖縄旅行が4回目以上である人は、沖縄旅行のツアー客のうちどれだけか。

    A $\dfrac{1}{30}$ B $\dfrac{1}{24}$ C $\dfrac{1}{8}$ D $\dfrac{5}{24}$

    E $\dfrac{3}{8}$ F $\dfrac{7}{12}$ G $\dfrac{2}{3}$

    H AからGのいずれでもない

設問文を図にすると、以下の通り。

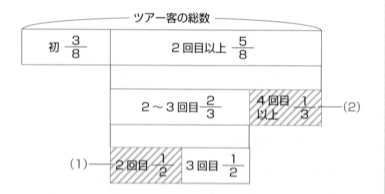

（1）　2回目以上　　うち2～3回目　　うち2回目　　　　　　　　　　　　　　2回目の人

$$\frac{5}{8} \times \frac{2}{3} \times \frac{1}{2} = \frac{5 \times \cancel{2} \times 1}{8 \times 3 \times \cancel{2}} = \frac{5}{24}$$

（2）　2回目以上　　うち4回目以上　　　　　　　　　　　4回目以上の人

$$\frac{5}{8} \times \frac{1}{3} = \frac{5 \times 1}{8 \times 3} = \frac{5}{24}$$

正解　（1）E　（2）D

9 速さ

ここがポイント！

公式を再確認。公式なしで解ける問題もある！

◉ 速さ×時間＝距離

◉ 距離÷時間＝速さ

◉ 距離÷速さ＝時間

【例題】

南北方向の大通りに沿って、市役所、警察署、デパート、大学、銀行の順に各建物が並んでいる。それぞれの建物の間を時速3km/時で歩いたときの所要時間が、下表のように一部だけわかっている。

所要時間（分）	市役所				
	4	警察署			
	6		デパート		
				大学	
		21		6	銀行

（問）市役所とデパートの距離は何mか。

A　100m　　B　250m　　C　300m　　D　350m

E　500m　　F　650m　　G　700m　　H　AからGのいずれでもない

❌ カンタン解法 ❌

市役所とデパートの間の所要時間が6分。時速が3km/時。

6分は $\dfrac{6}{60}$ 時間（約分すると $\dfrac{1}{10}$ 時間）だから

速さ　　　時間　　距離
3km/時 × $\dfrac{1}{10}$ 時間＝ 300m

正解　**C**

※【例題】の続き（組問題。枠内の文章は【例題】と同じ）

南北方向の大通りに沿って、市役所、警察署、デパート、大学、銀行の順に各建物が並んでいる。それぞれの建物の間を時速3km/時で歩いたときの所要時間が、下表のように一部だけわかっている。

所要時間（分）	市役所	警察署	デパート	大学	銀行
	市役所				
	4	警察署			
	6		デパート		
				大学	
		21		6	銀行

（1）デパートと銀行の間の所要時間は何分か。

 A 9分 B 11分 C 13分 D 15分

 E 17分 F 19分 G 23分 H AからGのいずれでもない

Aさんが、この大通りの建物間を移動するときの速度は、歩くときが3km/時、自転車のときが15km/時である。

（2）Aさんが、市役所から銀行まで自転車で移動した場合、どれだけ時間がかかるか。

 A 2分 B 2分30秒 C 3分 D 3分30秒

 E 4分 F 4分30秒 G 5分 H AからGのいずれでもない

（3）Aさんが、大学から警察署まで自転車で行き、そこから市役所まで歩いた場合、どれだけ時間がかかるか。

 A 5分 B 7分 C 8分30秒 D 9分30秒

 E 12分 F 14分 G 15分30秒 H AからGのいずれでもない

（1）所要時間がわかるものを書き出すと、以下の通り。警察署とデパートの間の所要時間がわかれば、答えを導き出せる。

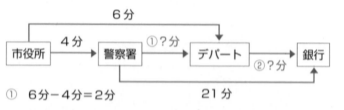

① 6分－4分＝2分

② 21分－①＝21分－2分＝19分

（2）自転車は、歩きの5倍速い。つまり所要時間は、歩きの$\frac{1}{5}$。

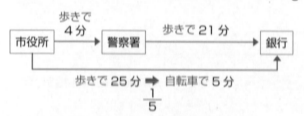

歩きで25分 ➡ 自転車で5分
$$\frac{1}{5}$$

（3）（2）と同様に、歩きの$\frac{1}{5}$が、自転車の所要時間。

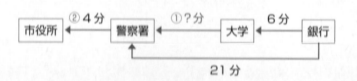

① 21分－6分＝15分 ➡ 3分
　　　　　　　　　　歩き　　自転車

①は自転車 ②は歩き 　所要時間の合計
3分 ＋ 4分 ＝ 7分

正解 **（1）F （2）G （3）B**

甲はタクシーでP地点を出発し、Q地点を経由してR地点に向かった。乙も
タクシーでS地点を出発し、R地点を経由してQ地点に向かった。そのときの
両者の出発および途中経過時刻は、下表の通りである。

	甲	乙
P地点	10：45	
	↓	
Q地点	11：20	▭
	↓	↑
R地点	▭	11：40
		↑
S地点		11：00

(1) PQ間の距離が15kmだとすると、甲のPQ間での平均時速はいくらか（必
要なときは、最後に小数点以下第1位を四捨五入すること）。

A	15km／時	B	18km／時	C	20km／時	D	23km／時
E	26km／時	F	28km／時	G	30km／時	H	36km／時
I	45km／時	J	AからIのいずれでもない				

(2) QR間では乙は甲の1.5倍の速度で走った。両者が12時ちょうどにすれち
がったとすると、QR間での甲の時速はいくらか（必要なときは、最後に小数点以
下第1位を四捨五入すること）。ただし、QR間の距離は40kmであり、速度は一
定と考える。

A	24km／時	B	26km／時	C	30km／時	D	34km／時
E	36km／時	F	41km／時	G	51km／時	H	56km／時
I	60km／時	J	AからIのいずれでもない				

（1）PQ間の距離は15km、甲の所要時間は35分＝$\dfrac{35}{60}$時間だから

距離　　　時間　　　　　　　　　　　　　　　　　　速さ

$$15\text{km} \div \frac{35}{60}\text{時間} = \frac{\overset{3}{\cancel{15}} \times 60}{\underset{7}{\cancel{35}}} = \frac{180}{7} = 25.7\cdots \Rightarrow 26\text{km/時}$$

（2）設問の状況を図にすると、以下の通り。

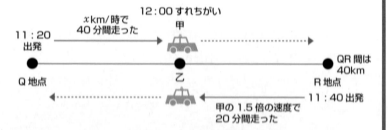

12:00 すれちがい
甲

$x$km/時で
40分間走った

11:20
出発

Q地点

乙

QR間は
40km

R地点

11:40 出発

甲の1.5倍の速度で
20分間走った

すれちがうまでに走った距離は、2人合わせて40km（QR間の距離）。

甲の距離＋乙の距離＝40kmで、以下の式が成り立つ。

甲の距離　　　　　　　　　　乙の距離

甲の速さ　甲の時間　　乙の速さ　乙の時間　QR間の距離

$$\left(x\text{km/時} \times \frac{40}{60}\text{時間}\right) + \left(1.5x\text{km/時} \times \frac{20}{60}\text{時間}\right) = 40\text{km}$$

甲の速さを
xとする

甲の1.5倍の
速さなので1.5x

$$\frac{40}{60}x + \frac{30}{60}x = 40$$

$$x = 40 \div \frac{70}{60}$$

$$x = \frac{40 \times \overset{6}{\cancel{60}}}{\underset{7}{\cancel{70}}}$$

$$x = 34.2\cdots \Rightarrow 34\text{km/時}$$

正解　（1）E　（2）D

PとQの2人が、湖の周りにある1周15kmの道を走る。Pは車で時速36km/時、Qは自転車で時速9km/時で走り、2人の速度はそれぞれ常に一定だとする。

（1）いまPとQは同じ地点にいて、反対方向に同時に走り出す。このとき、2人が再び出会うまでにかかる時間は何分か。

A	10分	B	12分	C	20分	D	25分

A　10分　　　B　12分　　　C　20分　　　D　25分

E　30分　　　F　48分　　　G　60分　　　H　90分

I　100分　　　J　AからIのいずれでもない

（2）いまPとQは同じ地点にいる。Pが出発してから10分後にQがPと同じ方向に走り出すとすると、Pが最初にQに追いつくのはQが走り出してから何分後か。

A　　5分後　　B　10分後　　C　15分後　　D　20分後

E　25分後　　F　30分後　　G　45分後　　H　60分後

I　95分後　　　J　AからIのいずれでもない

解　説

(1) 2人が出会うのは、合わせて1周分15kmを走ったとき。Pは時速36km/時なので1時間に36km走る。Qは1時間に9km走る。

Pの分　Qの分　2人が1時間に走る距離
36km + 9km = 45km

⬇

45kmは3周分。よって、1周するのにかかる時間は20分。

(2) Pがスタートした10分後に、異なる場所から2人が再スタートしたと考えるとよい（Pのほうが後ろの位置からスタートする）。

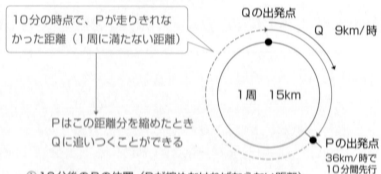

10分の時点で、Pが走りきれなかった距離（1周に満たない距離）

Qの出発点

Q　9km/時

1周　15km

Pはこの距離分を縮めたときQに追いつくことができる

P の出発点
36km/時で
10分間先行

① 10分後のPの位置（Pが縮めなければならない距離）

Pの速さ　　時間　　　　　　10分間でPが走った距離

$$36km/時 \times \frac{\overset{6}{\cancel{10}}}{\cancel{60}} = \frac{36 \times \overset{1}{\cancel{10}}}{\cancel{60}} = \boxed{6km} \Rightarrow 1周（15km）まであと9km$$

② Pが追いつくのに必要な時間

2人の時速差は27km/時（Pは36km/時、Qは9km/時）なので、1時間で縮められる距離は「27km」。これを10分あたりに換算すると「4.5km」。よって、9kmの距離を縮めるのに必要な時間は20分。

正解　(1) C　(2) D

10 地図（方位）

中心を決めて、情報を図示する

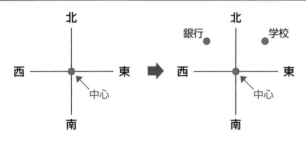

◉ 東西・南北を書いておくと、方角を間違えない

【例題】

　ある町の中心部では、東西方向と南北方向に、等間隔に碁盤の目のように道路が通っている。消防署は交差点Sから数えて西に１つ、北に１つ目の交差点の角にある。消防署と銀行と市役所は、交差点Sからの距離がいずれも等しく、交差点Sで消防署の方向を正面にして立つと、市役所は真後ろにあり、銀行はちょうど右にある。

（問）市役所は、交差点Sから見てどの方角にあたるか。

A 東　　　　B 西　　　　C 南　　　　D 北

E 南東　　　F 南西　　　G 北東　　　H 北西

❈ カンタン解法 ❈

すべての建物が「交差点S」からの距離で説明されている。「交差点S」を中心に他の建物の位置を考える。

※以下では説明の都合上、マス目を入れた。
　実際には、省略してよい。

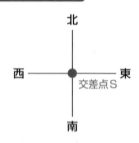

● 消防署

「交差点Sから数えて西に1つ、北に1つ目の交差点の角」だから右図の位置。

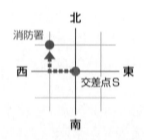

● 市役所と銀行

この2箇所は、交差点Sからの距離が消防署と等しいのだから、右図の赤い円周上にある。
交差点Sで消防署を正面にして立つと

● 市役所：真後ろ
● 銀行：右

だから、市役所と銀行の位置は、右図の通り。

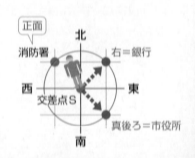

正解 **E**

練習問題 ① 地図（方位）

　ある市では、デパートと病院と市役所と警察署が、N駅を中心とした円周上に並んでいる。市役所はN駅から見て南西の方角に、警察署は市役所から見て北東の方角に、デパートは警察署から見て西の方角に、病院はデパートから見て南東の方角にある。

（1）市役所は、デパートから見てどの方角にあたるか。

A　東　　　　B　西　　　　C　南　　　　D　北

E　南東　　　F　南西　　　G　北東　　　H　北西

（2）警察署は、病院から見てどの方角にあたるか。

A　東　　　　B　西　　　　C　南　　　　D　北

E　南東　　　F　南西　　　G　北東　　　H　北西

❀ 解　　説 ❀

（1）と（2）をまとめて解く。設問文にそって、すべての建物の位置を図に書く。

①ある市では、デパートと病院と市役所と警察署が、N駅を中心とした円周上に並んでいる。②市役所はN駅から見て南西の方角に、③警察署は市役所から見て北東の方角に、④デパートは警察署から見て西の方角に、⑤病院はデパートから見て南東の方角にある。

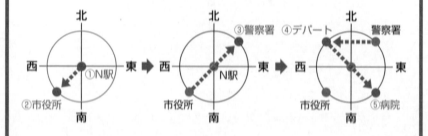

あとは、できあがった図を見ながら設問に答えるだけ。

正解 **（1）C　（2）D**

練習問題 ② 地図（方位）

次の（1）から（4）までの4問に答えなさい。

> U大学からは、南東の方角にQ山が見える。いま、Q山に向かって立つと、真後ろに図書館が位置し、ちょうど右にMビルが見える。

（1）図書館は、U大学から見てどの方角にあたるか。

A 東	B 西	C 南	D 北
E 南東	F 南西	G 北東	H 北西

（2）Mビルは、U大学から見てどの方角にあたるか。

A 東	B 西	C 南	D 北
E 南東	F 南西	G 北東	H 北西

> U大学の前には、南北方向にまっすぐ道路が走っている。この道路をU大学から南に400m進むと交差点があり、この道路と国道が直角に交わっている。ここで右に曲がって再び400m直進したところに、美術館がある。また、U大学から美術館までの直線距離と、U大学から図書館までの直線距離は等しい。

（3）図書館は、美術館から見てどの方角にあたるか。

A 東	B 西	C 南	D 北
E 南東	F 南西	G 北東	H 北西

（4）U大学は、美術館から見てどの方角にあたるか。

A 東	B 西	C 南	D 北
E 南東	F 南西	G 北東	H 北西

126

解説

（1）（2）で判明した図書館の位置を、（3）（4）で使う。

（1）（2）

①U大学からは、南東の方角にQ山が見える。いま、②Q山に向かって立つと、真後ろに図書館が位置し、③ちょうど右にMビルが見える。

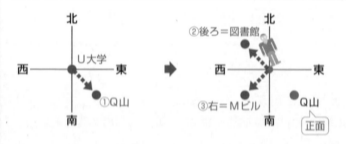

（3）（4）

U大学の前には、南北方向にまっすぐ道路が走っている。④この道路をU大学から南に400m進むと交差点があり、この道路と国道が直角に交わっている。ここで⑤右に曲がって再び400m直進したところに、美術館がある。また、⑥U大学から美術館までの直線距離と、U大学から図書館までの直線距離は等しい。

前問②でU大学の北西と判明ずみ

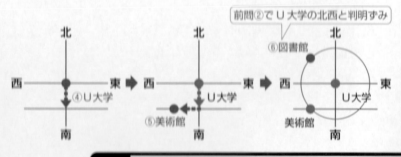

正解　（1）H　（2）F　（3）D　（4）G

⑪ 地図（縮尺）

ここがポイント！

たて・よこを実寸にしてから面積を計算

◎実寸「5000cm」↔ $\dfrac{1}{5000}$ の地図では「1cm」

◎たて×よこ＝面積（長方形・正方形の場合）

【例題】

> 駅前には、市内案内のための地図が立っている。この地図の縮尺は、$\dfrac{1}{5000}$ である。

(1) 地図上で、たて3cm、よこ2cmの長方形の区域は、実際には何㎡あるのか。

　　A　　300㎡　　　B　　1500㎡　　　C　　3000㎡　　　D　　15000㎡

　　E　　18000㎡　　F　　30000㎡　　G　　60000㎡

　　H　　AからGのいずれでもない

(2) 10000㎡の正方形の区域は、この地図上では一辺が何cmになるか。

　　A　　0.1cm　　　B　　0.5cm　　　C　　1.0cm　　　D　　1.5cm

　　E　　2.0cm　　　F　　5.0cm　　　G　　10.0cm

　　H　　AからGのいずれでもない

❌ カンタン解法 ❌

(1) たて・よこを実寸に換算してから、面積を計算する。

たての実寸：3cm×5000＝15000cm＝150m

よこの実寸：2cm×5000＝10000cm＝100m

面積：150m×100m＝15000㎡

(2) 正方形だから、たて・よこの長さは同じ。面積が10000㎡だから

10000㎡＝100m×100m　→ 1辺は100m

すでに(1)で、実寸「100m」は、地図上「2cm」と判明ずみ。

よって計算するまでもなく、正解は「2cm」とわかる。

> 【参考】計算で解くなら、実寸100m（10000cm）の$\frac{1}{5000}$だから
>
> 　　　　10000cm÷5000＝2cm

正解	(1) D	(2) E

練習問題 ① 地図（縮尺）

> 資料館に、町の地図がおいてある。この地図の縮尺は $\frac{1}{5000}$ である。

(1) 地図上で、たて4cm、よこ5cmの長方形の区域は、実際には何㎡あるのか。

    A   10000 ㎡   B   20000 ㎡   C   45000 ㎡   D   50000 ㎡

    E   100000 ㎡   F   300000 ㎡   G   500000 ㎡

    H   AからGのいずれでもない

(2) 1600㎡の正方形の区域は、この地図上では一辺が何cmになるか。

    A   0.4cm   B   0.8cm   C   1.6cm   D   2.5cm

    E   4.0cm   F   6.0cm   G   7.5cm

    H   AからGのいずれでもない

（1）たて・よこを実寸に換算してから、面積を計算する。

たての実寸：4cm×5000＝20000cm＝200m

よこの実寸：5cm×5000＝25000cm＝250m

面積：200m×250m＝50000㎡

（2）正方形だから、たて・よこの長さは同じ。面積が1600㎡だから

1600㎡＝40m×40m　→ 1辺は40m

40m（4000cm）は実寸。地図上は、$\dfrac{1}{5000}$ に縮められるので、

4000cm÷5000＝0.8cm

【別解】

1辺40mとわかった時点で、（1）の「実寸200m＝地図4cm」を
利用して、計算する方法もある。200mの $\dfrac{1}{5}$ が40mだから、
4cmの $\dfrac{1}{5}$ の0.8cmが正解。

正解 （1） D 　 （2） B

2章
地図（縮尺）

12 順列・組み合わせ

テ

ここがポイント！

公式は丸暗記。解けないときは具体例を考える

◉ 6個から4個を選ぶ組み合わせ： $_6C_4$

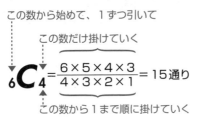

総数（6個から）

選ぶ数（4個を選ぶ）

この数から始めて、1ずつ引いて

この数だけ掛けていく

$$_6C_4 = \frac{6 \times 5 \times 4 \times 3}{4 \times 3 \times 2 \times 1} = 15 \text{通り}$$

この数から1まで順に掛けていく

◉ 組み合わせ条件が2つのときは
- A かつ B ➡ A が何通り × B が何通り
- A または B ➡ A が何通り ＋ B が何通り

【例題】

　ある会社主催で、歌謡ショーを開くことになり、演歌5曲と民謡3曲の中から、演目を選ぶことにした。

（1）演歌だけを3曲選ぶとすると、その選び方は何通りあるか。ただし、演奏の順番は考えないものとする。

A　3通り	B　5通り	C　8通り	D　10通り
E　15通り	F　18通り	G　24通り	H　36通り
I　60通り	J　AからIのいずれでもない		

132

(2) 演歌と民謡を、それぞれ少なくとも1曲は選び、全部で3曲選ぶとすると、その選び方は何通りあるか。ただし、演奏の順番は考えないものとする。

A 3通り　B 8通り　C 13通り　D 15通り
E 30通り　F 40通り　G 45通り　H 56通り
I 90通り　J AからIのいずれでもない

カンタン解法

(1) 5曲から3曲を選ぶ組み合わせを、公式に当てはめる。

（5曲から）（3曲を選ぶ）

$${}_5C_3 = \frac{5 \times 4 \times 3}{3 \times 2 \times 1} = 10\text{通り}$$

(2) 3曲の内訳として考えられるのは、以下のいずれか。

① 「演歌2曲」と「民謡1曲」の組み合わせ

演歌を5曲から2曲選ぶ：${}_5C_2 = \frac{5 \times 4}{2 \times 1} = 10$通り

かつ

民謡を3曲から1曲選ぶ：3通り

掛け算して「30通り」①の組み合わせ

② 「演歌1曲」と「民謡2曲」の組み合わせ

演歌を5曲から1曲選ぶ：5通り

かつ

民謡を3曲から2曲選ぶ：${}_3C_2 = \frac{3 \times 2}{2 \times 1} = 3$通り

掛け算して「15通り」②の組み合わせ

考えられる組み合わせは、「①または②」だから2つを足し算

30通り＋15通り＝45通り

正解 (1) D (2) G

S、T、Uの3人が、サイコロを振る。

(1) それぞれ1回ずつサイコロを振ったところ、Sが3人の中で最も小さい目を出し、TとUは同じ目を出した。3人のサイコロの目の出方として考えられる組み合わせは何通りあるか。

A	5通り	B	9通り	C	12通り	D	15通り
E	20通り	F	23通り	G	32通り	H	36通り
I	50通り	J	AからIのいずれでもない				

(2) 2回目として、それぞれもう1回ずつサイコロを振ったところ、S、T、Uの順に小さい目を出した。2回目について、3人のサイコロの目の出方として考えられる組み合わせは、何通りあるか。

A	4通り	B	6通り	C	10通り	D	15通り
E	16通り	F	19通り	G	20通り	H	27通り
I	40通り	J	AからIのいずれでもない				

❈ 解 説 ❈

（1）考えられる目の組み合わせは、以下の通り。

S	TとU	組み合わせ	
1	2〜6	5通り	
2	3〜6	4通り	
3	4〜6	3通り	計15通り
4	5〜6	2通り	
5	6	1通り	

Sの目が増えるごとに、
組み合わせが減っていく
（5→4→3→2→1通り）

※これさえ理解できれば、
本番では、すべてを書き
出す必要はない

（2）Sは1〜4のいずれか（さらに大きいTとUがいるので、5・6はあり得
ない）。

Sが1のときの組み合わせは、以下の通り。

S	T	U	組み合わせ	
	2	3〜6	4通り（＊）	
1	3	4〜6	3通り（＊＊）	計10通り
	4	5〜6	2通り（＊＊＊）	
	5	6	1通り	

「T」の目が増え
るごとに、組み
合わせが減って
いく

Sが2のときの組み合わせは、（＊）を除いた6通り。

　※（＊）を除くのは、Tが2はあり得ない（Tは3以上）ため。

Sが3のときの組み合わせは、さらに（＊＊）を除いた3通り。

Sが4のときの組み合わせは、さらに（＊＊＊）を除いた1通り。

すべてを足すと、以下の通り。

　　10＋6＋3＋1＝20通り

正解 **（1） D　（2） G**

練習問題 ② 順列・組み合わせ

以下の図形アと図形イに色を塗りたい。

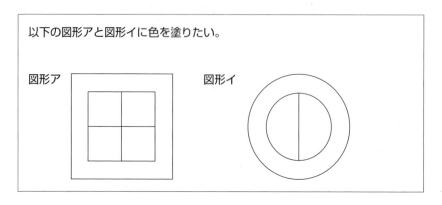

図形ア 図形イ

(1) 図形アに色を塗りたい。ただし、線で隣り合う領域には、同じ色を使わない
ものとする。赤・青・黄の3色が使えるとき、色の塗り方は何通りあるか。

A　3通り	B　5通り	C　6通り	D　8通り
E　9通り	F　10通り	G　12通り	H　18通り
I　27通り	J　AからIのいずれでもない		

(2) 図形イに色を塗りたい。ただし、線で隣り合う領域には、同じ色を使わない
ものとする。赤・青・黄・黒の4色が使えるとき、色の塗り方は何通りあるか。

A　3通り	B　4通り	C　8通り	D　12通り
E　16通り	F　24通り	G　32通り	H　48通り
I　64通り	J　AからIのいずれでもない		

①基準となる領域（色）を決めて、②隣（のどれか）の領域、③「①②」以外の領域の組み合わせを考える。※「①かつ②かつ③」なので、3つを掛け算

（1）3色の塗り分け方は、下図の通り。

それぞれの色として考えられるのは

①：赤・青・黄の3通り
②：①以外の2色（2通り）　　　3×2×1＝6通り
③：①②以外の1色（1通り）

【別解】具体例で考えてもよい。まわりが「黄」の組み合わせは

の2通り

↓

同様に、まわりが「赤」のときも2通り。
まわりが「青」のときも2通り。だから2通り×3色分＝6通り

（2）4色の塗り分け方は、下図の通り。

それぞれの色として考えられるのは

①：赤・青・黄・黒の4通り
②：①以外の3色（3通り）　　　4×3×2＝24通り
③：①②以外の2色（2通り）

正解　（1）C　（2）F

⑬確率

「かつ」なのか「または」なのか見抜く

◉ Aの確率 ＝ $\dfrac{Aはいくつ}{全部でいくつ}$

◉ AかつB ➡ Aの確率×Bの確率

［AもBも両方］

◉ AまたはB➡ Aの確率＋Bの確率

［AかBか片方だけ］

【例題】

パーティーの準備のため、RとSを含む5人のうちから買い物当番を3人、くじで決めることにした。くじは5本であたりは3本あり、一度引いたくじはもとに戻さないものとする。1番目にR、2番目にSが引くことにした。

(1) RとSがともに買い物当番にあたる確率はどれだけか。

A $\dfrac{2}{25}$　　B $\dfrac{1}{10}$　　C $\dfrac{3}{20}$　　D $\dfrac{4}{25}$　　E $\dfrac{1}{5}$　　F $\dfrac{1}{4}$

G $\dfrac{3}{10}$　　H $\dfrac{2}{5}$　　I $\dfrac{9}{20}$　　J AからIのいずれでもない

(2) RとSのうち、<u>どちらか1人だけ</u>が買い物当番にあたる確率はどれだけか。

A $\dfrac{1}{10}$　　B $\dfrac{1}{5}$　　C $\dfrac{6}{25}$　　D $\dfrac{3}{10}$　　E $\dfrac{1}{3}$　　F $\dfrac{2}{5}$

G $\dfrac{1}{2}$　　H $\dfrac{3}{5}$　　I $\dfrac{4}{5}$　　J AからIのいずれでもない

（1）「Rがあたり」かつ「Sがあたり」の確率を求める。

①Rがあたる確率 $\dfrac{3}{5}$ ←あたりは3本
←くじは5本

②Sがあたる確率 $\dfrac{2}{4}$ ←あたりの残り
←くじの残り

①かつ②なので

掛け算

$\dfrac{3}{5} \times \dfrac{2}{4} = \dfrac{3 \times \overset{1}{\cancel{2}}}{5 \times \underset{2}{\cancel{4}}} = \dfrac{3}{10}$

（2）「どちらか1人だけ」あたるのは、以下の「①または②」。

① 「Rがあたり」かつ「Sがはずれ」

② 「Rがはずれ」かつ「Sがあたり」

①の確率 $\underset{\text{Rあたり}}{\dfrac{3}{5}} \times \underset{\text{Sはずれ}}{\dfrac{2}{4}} = \dfrac{3 \times \overset{1}{\cancel{2}}}{5 \times \underset{2}{\cancel{4}}} = \dfrac{3}{10}$

②の確率 $\underset{\text{Rはずれ}}{\dfrac{2}{5}} \times \underset{\text{Sあたり}}{\dfrac{3}{4}} = \dfrac{\overset{1}{\cancel{2}} \times 3}{5 \times \underset{2}{\cancel{4}}} = \dfrac{3}{10}$

①または②なので

足し算

$\dfrac{3}{10} + \dfrac{3}{10} = \dfrac{6}{10} = \dfrac{3}{5}$

正解 **（1）G （2）H**

練習問題 ①　確率

2枚の試作コインS、Tがあり、Sを投げたとき表が出る確率は0.45、Tを投げたとき表が出る確率は0.60である。

(1) SとTを同時に投げたとき、2枚とも表が出る確率はどれだけか。

A　0.18　　　B　0.22　　　C　0.24　　　D　0.27

E　0.33　　　F　0.40　　　G　0.45　　　H　0.55

I　0.60　　　J　AからIのいずれでもない

(2) Tを2回投げたとき、表が1回だけ出る確率はどれだけか。

A　0.16　　　B　0.24　　　C　0.30　　　D　0.36

E　0.48　　　F　0.50　　　G　0.56　　　H　0.60

I　0.81　　　J　AからIのいずれでもない

（1）設問により、Sが表の確率は「0.45」、Tが表の確率は「0.60」と判明
　　している。あとは2つの確率を掛け算するだけ。

Sが表　　かつ　　Tが表　　　両方表の確率
0.45　　×　　0.60　＝0.27

（2）「表が1回だけ」となるのは、以下の「①または②」

　　①1回目「表」かつ2回目「裏」

　　②1回目「裏」かつ2回目「表」

表の確率は設問で判明ずみ。裏の確率は「1－表の確率」で求める。

	表の確率	裏の確率
T	0.60	0.40

> ※確率では、全結果の確率を足すと「1」。コインは「表」と「裏」し
> かないので、2つの確率を足すと「1」。これを応用して、「1－表の
> 確率＝裏の確率」。

　　　　　　　　　　表　　　裏
①の確率　　0.60×0.40＝0.24

　　　　　　　　　　裏　　　表
②の確率　　0.40×0.60＝0.24

①または②なので

足し算

0.24 ＋ 0.24 ＝ 0.48

正解　（1）D　（2）E

練習問題 ② 確率

袋の中に、赤玉が2個、白玉が4個入っている。ここから、玉を1個取り出して、色を確認したら袋に戻す。これを4回繰り返す。

(1) 1回目は白玉、2回目は赤玉が出る確率はいくらか。

A $\frac{1}{9}$　　B $\frac{1}{6}$　　C $\frac{2}{9}$　　D $\frac{5}{18}$　　E $\frac{1}{3}$　　F $\frac{4}{9}$

G $\frac{1}{2}$　　H $\frac{2}{3}$　　I $\frac{7}{9}$　　J AからIのいずれでもない

(2) 4回目の時点で、3個目の白玉が出る確率はいくらか。

A $\frac{2}{27}$　　B $\frac{8}{81}$　　C $\frac{1}{9}$　　D $\frac{16}{81}$　　E $\frac{1}{4}$　　F $\frac{8}{27}$

G $\frac{1}{2}$　　H $\frac{2}{3}$　　I $\frac{3}{4}$　　J AからIのいずれでもない

（1）1回目と2回目の確率を掛け算する。

① 1回目　白の確率　$\dfrac{4}{6}$　白玉の数／玉の合計

かつ

② 2回目　赤の確率　$\dfrac{2}{6}$　赤玉の数／玉の合計

①と②を掛け算

$$\dfrac{4}{6} \times \dfrac{2}{6} = \dfrac{\overset{2}{\cancel{4}} \times \overset{1}{\cancel{2}}}{\underset{3}{\cancel{6}} \times \underset{3}{\cancel{6}}} = \dfrac{2}{9}$$

2章　確率

（2）4回目の時点で、3個目の白玉が出る組み合わせは3通り。

考えられる組み合わせ　　それぞれの確率

　　　　　　　　　　　　1回　2回　3回　4回

① ○○●○ ➡ $\dfrac{4}{6} \times \dfrac{4}{6} \times \dfrac{2}{6} \times \dfrac{4}{6} = \dfrac{\overset{2}{\cancel{4}} \times \overset{2}{\cancel{4}} \times \overset{1}{\cancel{2}} \times \overset{2}{\cancel{4}}}{\underset{3}{\cancel{6}} \times \underset{3}{\cancel{6}} \times \underset{3}{\cancel{6}} \times \underset{3}{\cancel{6}}} = \dfrac{8}{81}$

または

② ○●○○

または

③ ●○○○

②も③も、確率は①と同じ

①～③を足し算

$$\dfrac{8}{81} + \dfrac{8}{81} + \dfrac{8}{81} = \dfrac{24}{81} = \dfrac{8}{27}$$

正解　（1）**C**　（2）**F**

14 長文読み取り計算

先に設問を見てから、本文の該当箇所を探す

◉計算自体は、それほど難しくはない

◉短時間で、正しく情報を読み取ること!

【例題】

　　海外へ修学旅行に行く学校が増えている。今年度は、校数で昨年度の1.2倍の約400校、8万人強の生徒が海外へ修学旅行に行った。このうち、約6割は私立校だが、伸び率は公立のほうが、私立よりも高い。今年度のアンケート結果でも、公立の68％が海外への修学旅行を希望するという結果が出ている。これは昨年の1.2倍にあたる。

　　なお、今年度行った国の内訳は、生徒数で、アメリカ・カナダ26％、中国18％、韓国15％、東南アジア11％、ヨーロッパ6％である。来年度、海外へ修学旅行に行く学校は、今年度の23％増になるという予想が民間のシンクタンクから発表されている。

（問）本文の内容と一致するものは、次のうちどれか。

　　　A　海外へ修学旅行に行った生徒数の約4割は公立校の生徒だ

　　　B　海外へ修学旅行に行った公立校の数は、昨年度の1.2倍以上だ

　　　C　海外へ修学旅行に行った公立校の数は、私立校の半分以下だ

　　　D　海外へ修学旅行に行った生徒の数は、昨年度の1.2倍だ

❀ カンタン解法 ❀

この例題は、ほとんど計算せずに解ける。むしろ計算よりも、「校数」と「生徒数」を取り違えないことのほうが大切。

本文と一致するのはB。全体で校数が1.2倍、伸び率が高いのは公立。つまり、公立は1.2倍以上（私立は1.2倍以下で、公立と私立の合算で1.2倍ということ）。

> 　海外へ修学旅行に行く学校が増えている。今年度は、校数で昨年度の1.2倍の約400校、8万人強の生徒が海外へ修学旅行に行った。このうち、約6割は私立校だが、伸び率は公立のほうが、私立よりも高い。今年度の

AとDはともに、本文中、「校数」で書かれているものを「生徒数」としているので間違い。例えば、校数が1.2倍だからといって、生徒数も1.2倍になるわけではない（1校あたりの生徒数が同じとは限らないため）。

> 　海外へ修学旅行に行く学校が増えている。今年度は、D校数で昨年度の1.2倍の約400校、8万人強の生徒が海外へ修学旅行に行った。このうち、A約6割は私立校だが、伸び率は公立のほうが、私立よりも高い。今年度の

Cは間違い。本文によると私立校は6割なので、公立校は4割。つまり、公立校は、私立校の半分よりは多い。

> 　海外へ修学旅行に行く学校が増えている。今年度は、校数で昨年度の1.2倍の約400校、8万人強の生徒が海外へ修学旅行に行った。このうち、約6割は私立校だが、伸び率は公立のほうが、私立よりも高い。今年度の

※この例題で使った年度や数値は架空のものです。
　実際の統計データとは一致しませんのでご了承ください。

正解　B

　1000石の領地をもつ中堅旗本、遠藤近江守は安政5年（1858）、家計の財政改革をはかった。実際に領地からとれる米は945石で、税率は四公六民（四割が領主の取り分、六割は農民の取り分）なので、実年収は378石、1石＝1両とすると、378両（1両15万円として5670万円）である。一方、借財は幕府による公の貸付金が224両、商人からの借財が265両あり、ともに利子がかさんでいた。

　そこで考えたのが、領地の農民が債権者の商人に年貢をそのまま手渡し、毎月定額の生活費を商人からもらうという方式だ。税金を商人にあたえてしまって、商人から月々の手当を受け取るというのは本末転倒だが、最低限の生活は保障される。

　しかし、利子は払わなければならず、臨時の金も必要なので、年利40％の高利で借りて、これも年貢から引いてもらうとなると、何年も先の年貢も担保に押さえられ、結局は悲惨な結果につながるのは目に見えている。

　それでも当座は、こうして切り抜けなければならなかったのだ。

（『大江戸「懐」事情 知れば知るほど』小林弘忠／実業之日本社）

（1）遠藤近江守の商人からの借財は、現在の貨幣に換算するといくらか。なお、1両は15万円とする。また、利子は考慮しない。

　　A　1860万円　　B　2475万円　　C　3225万円　　D　3360万円

　　E　3975万円　　F　4110万円　　G　5670万円

　　H　AからGのいずれでもない

（2）本文の内容と一致するものは、次のうちどれか。

  A 遠藤近江守が、毎月商人から受け取った手当は、20両以下である

  B 遠藤近江守の借金は、利子を考慮しなくても実年収の2倍以上だった

  C 1両15万円で現在の貨幣に換算する場合、遠藤近江守の領地で、農民
    の取り分は8505万円に相当する

  D 遠藤近江守の領土で実際にとれる米は、1000石に対して86％である

❈ 解 説 ❈

（1）本文の記述から、商人からの借財は「265両」。よって

  265両×15万円＝3975万円

（2）本文に一致するのはC。

  実石高 農民 現代換算
  945石×0.6×15万円＝8505万円

  Aは、商人からの月々の受取額の記載が本文にない。BとDは、数値が
  間違っている。正しく計算すると以下の数値。

  B：幕府借金 商人借金 実年収
   （224両 ＋ 265両）÷378両＝1.29…

  D：実石高 石高
   945石÷1000石＝0.945≒95％

正解 （1）**E** （2）**C**

15 資料の読み取り

ここがポイント！

資料と内容が一致する記述を選ぶ

◎情報量の割に制限時間が短い！ 手早く解くことを常に意識すること

◎ア～ウに共通する情報に注目しよう

【例題】

〈乗用車のレンタル料金表〉

車種	12時間まで	24時間まで	以降1日ごと
S	5000円	6000円	5000円
T	8000円	11000円	7000円
U	13000円	17000円	11000円

●8月中は各料金とも1500円増し、9月中は各料金とも1000円引きです。それ以外の月は、上表の通りです。

●キャンセル料は乗車日の7日以前は無料、6日～3日前はレンタル料の20%、2日前と前日はレンタル料の30%、当日はレンタル料の50%です。

（問）資料の内容と一致するものは、ア、イ、ウのうちどれか。

    ア　8月にSを12時間借りる場合、レンタル料は5000円である

    イ　8月にTを24時間借りる場合、レンタル料は10000円である

    ウ　9月にUを12時間借りる場合、レンタル料は12000円である

A　アだけ　　　　B　イだけ　　　　C　ウだけ　　　　D　アとイの両方

E　アとウの両方　　F　イとウの両方

❈ カンタン解法 ❈

ア〜ウに共通するのは、「8月」と「9月」は特別料金であること。資料の関連箇所は、以下の通り。

〈乗用車のレンタル料金表〉

車種	12時間まで	24時間まで	以降1日ごと
S	₇5000円	6000円	5000円
T	8000円	₁11000円	7000円
U	₊13000円	17000円	11000円

●ₐᵢ8月中は各料金とも1500円増し、ₒ9月中は各料金とも1000円引きです。それ以外の月は、上表の通りです。

  ⋮（略）

↓

ア〜ウの記述が正しいか検討する。

   Sの12時間のレンタル料は通常5000円。8月なので、1500円増しで6500円。

  ✗ Tの24時間のレンタル料は通常11000円。8月なので、1500円増しで12500円。

  ⓦ Uの12時間のレンタル料は通常13000円。9月なので、1000円引きで12000円。

正解 C

※【例題】の続き（組問題。枠内の文章は【例題】と同じ）

〈乗用車のレンタル料金表〉

車種	12時間まで	24時間まで	以降1日ごと
S	5000円	6000円	5000円
T	8000円	11000円	7000円
U	13000円	17000円	11000円

●8月中は各料金とも1500円増し、9月中は各料金とも1000円引きです。それ以外の月は、上表の通りです。

●キャンセル料は乗車日の7日以前は無料、6日〜3日前はレンタル料の20%、2日前と前日はレンタル料の30%、当日はレンタル料の50%です。

(1) 資料の内容と一致するものは、ア、イ、ウのうちどれか。

　　　ア　5月にSを21時間借りる場合、レンタル料は5000円である

　　　イ　5月にTを2日間借りる場合、レンタル料は18000円である

　　　ウ　5月にUを3日間借りる場合、レンタル料は33000円である

A　アだけ　　　　B　イだけ　　　　C　ウだけ　　　　D　アとイの両方

E　アとウの両方　F　イとウの両方

(2) 資料の内容と一致するものは、ア、イ、ウのうちどれか。

　　　ア　レンタル料が8000円のとき、乗車日の当日にキャンセルするとキャンセル料は1600円である

　　　イ　レンタル料が13000円のとき、乗車日の4日前にキャンセルするとキャンセル料は2600円である

　　　ウ　レンタル料が17000円のとき、乗車日の2日前にキャンセルするとキャンセル料は5100円である

A　アだけ　　　　B　イだけ　　　　C　ウだけ　　　　D　アとイの両方

E　アとウの両方　F　イとウの両方

（1）ア～ウに共通するのは「5月」で通常料金であること。

〈乗用車のレンタル料金表〉

車種	12時間まで	24時間まで	以降1日ごと
S	5000円	₇6000円	5000円
T	8000円	₁11000円	₁7000円
U	13000円	₁17000円	₁11000円

∴（略）

⬇

ア～ウの記述が正しいか検討する。

✗ Sの21時間のレンタル料は6000円。

⟨イ⟩ Tの2日間のレンタル料は11000円＋7000円＝18000円。

✗ Uの3日間のレンタル料は17000円＋（11000円×2）＝39000円。

（2）ア～ウに共通するのは「キャンセル料」。

∴（略）

●キャンセル料は乗車日の7日以前は無料、₁6日～3日前はレンタル料の20%、₁2日前と前日はレンタル料の30%、₇当日はレンタル料の50%です。

⬇

ア～ウの記述が正しいか検討する。

✗ 当日のキャンセル料は、レンタル料の50%なので、
8000円×0.5＝4000円

⟨イ⟩ 6日～3日前のキャンセル料は、レンタル料の20%なので、
13000円×0.2＝2600円

⟨ウ⟩ 2日前と前日のキャンセル料は、レンタル料の30%なので、
17000円×0.3＝5100円

正解 （1）B （2）F

練習問題 ② 資料の読み取り

〈乗車券の各種割引運賃表〉

名称	割引率
往復割引	10%
回数割引（6枚つづり）	15%
特別予約割引	20%
家族割引	20%

●中学生以上は、大人運賃。
●往復割引は、出発前に往復区間分をまとめて購入する場合に適用。
●回数割引は、同じ区間を何回も乗車する場合に適用。複数人での使用も可。残余券の払い戻しは不可。
●特別予約割引は、乗車日の16日前までに予約し、予約日の2日後までに乗車券を購入する場合に適用。
●家族割引は、小学生以下の子ども同伴の家族（合計3名以上）が一緒に乗車する場合、大人運賃のみに割引を適用。

（1）資料の内容と一致するものは、ア、イ、ウのうちどれか。

ア　乗車日の30日前に予約し、予約翌日に乗車券を購入すると、運賃は20%引きになる

イ　乗車日の20日前に予約し、予約から4日後に乗車券を購入すると、運賃は20%引きになる

ウ　乗車日の10日前に予約し、予約翌日に乗車券を購入すると、運賃は20%引きになる

A　アだけ　　　　B　イだけ　　　　C　ウだけ　　　　D　アとイの両方
E　アとウの両方　F　イとウの両方

（2）資料の内容と一致するものは、ア、イ、ウのうちどれか。

ア　6人グループで一緒に旅行する場合、6人の往復運賃を15%引きにできる

イ　行きと帰りで別々に乗車券を購入し往復する場合、運賃は10%引きになる

ウ　同一区間を3往復する場合、運賃を15%引きにできる

A　アだけ　　　B　イだけ　　　C　ウだけ　　　D　アとイの両方

E　アとウの両方　F　イとウの両方

❈　解　説　❈

（1）ア～ウに共通するのは「予約」なので、特別予約割引に注目する。

〈乗車券の各種割引運賃表〉

名称	割引率
往復割引	10%
回数割引（6枚つづり）	15%
特別予約割引	20%
家族割引	20%

∶（略）

●特別予約割引は、乗車日の16日前までに予約し、予約日の2日後までに乗車券を購入する場合に適用。

↓

ア～ウのうち、16日前までに予約したのはアとイ。そのうち、予約日の2日後までに乗車券を購入したのはアだけ。

（2）ア～ウに共通するのは「往復」だが、「往復割引」のことだと早合点しないこと。ほかの割引でも、往復はできる。

⑦ 6枚つづりの回数割引を2組（12枚）購入すれば、アの6人は、15%引きで往復できる。

✗ 行きと帰りの乗車券を別々に購入しているので、往復割引は適用にならない（出発前にまとめて買わなければならない）。ほかに10%引きの割引はない。

 6枚つづりの回数割引を1組（6枚）購入すれば、ウの人は15%引きで3往復できる。

正解　（1）A　（2）E

16 分割払い・仕事算

ここがポイント！

全体を「1」と考える

- ◉支払い金額や仕事分担を、分数（全体のどれだけ）で計算
- ◉支払いでは、利子がかかったり、割引されることもある

【例題】

> ある人がオートバイを購入した。契約と同時に総額の $\frac{1}{6}$ を支払い、残額は分割払いにする。ただし、利子はかからないものとする。

（1）残額を7回に均等に分割して支払うとすると、1回の支払い額は総額のどれだけにあたるか。

A $\frac{1}{42}$　　B $\frac{1}{14}$　　C $\frac{2}{21}$　　D $\frac{5}{48}$　　E $\frac{5}{42}$　　F $\frac{1}{7}$

G $\frac{1}{6}$　　H $\frac{4}{21}$　　I $\frac{2}{7}$　　J　AからIのいずれでもない

（2）支払いの都合上、1回の支払いは総額の $\frac{1}{14}$ 以下にしたい。このとき、最短何回で支払いが終わるか。ただし、契約時の支払いは回数に入れないこととする。

A 5回　　B 6回　　C 7回　　D 8回　　E 9回　　F 10回

G 11回　　H 12回　　I 13回　　J　AからIのいずれでもない

❈ カンタン解法 ❈

（1）設問文を図にすると、以下の通り。①残額を求め、②1回の支払い額を計算する。

総額を「1」と考える

契約時 $\frac{1}{6}$	①残額

7等分して支払う

②求めるのはコレ（分割払いの1回の支払い額）

$$① \quad \underset{\text{総額}}{1} - \underset{\text{契約時}}{\frac{1}{6}} = \underset{\text{残額}}{\frac{5}{6}}$$

$$② \quad \underset{\text{残額}}{\frac{5}{6}} \div \underset{\text{7等分}}{7} = \frac{5 \times 1}{6 \times 7} = \underset{\text{1回の支払い額}}{\frac{5}{42}}$$

（2）前問で求めた残額に対して、1回につき総額の $\frac{1}{14}$ を支払うとすると、何回で支払いが終わるかを計算する。

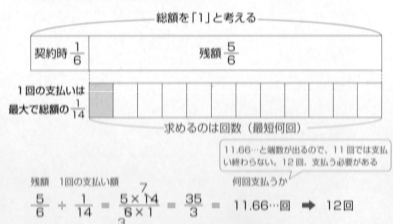

総額を「1」と考える

契約時 $\frac{1}{6}$	残額 $\frac{5}{6}$

1回の支払いは最大で総額の $\frac{1}{14}$

求めるのは回数（最短何回）

> 11.66…と端数が出るので、11回では支払い終わらない。12回、支払う必要がある

何回支払うか

$$\underset{\text{残額}}{\frac{5}{6}} \div \underset{\text{1回の支払い額}}{\frac{1}{14}} = \frac{5 \times \overset{7}{14}}{\underset{3}{6} \times 1} = \frac{35}{3} = 11.66\cdots 回 \Rightarrow 12回$$

正解 （1）E （2）H

練習問題 ❶ 分割払い・仕事算

ある人がパソコンを購入した。支払い方法には2通りあり、一度に全額を支払う方法（一括払い）と、全額を12回の均等に分けて月々支払う方法（分割払い）である。一括払いは定価の $\frac{1}{8}$ が割引され、分割払いは定価の $\frac{1}{9}$ を余分に支払う。

(1) 一括払いと分割払いとでは、支払い総額の差は定価のどれだけにあたるか。

A $\frac{1}{72}$ B $\frac{1}{12}$ C $\frac{1}{9}$ D $\frac{1}{8}$ E $\frac{17}{72}$ F $\frac{1}{4}$

G $\frac{4}{9}$ H $\frac{7}{8}$ I $\frac{8}{9}$ J AからIのいずれでもない

(2) 分割払いの場合、月々の支払い額は定価のどれだけにあたるか。

A $\frac{1}{108}$ B $\frac{1}{72}$ C $\frac{1}{27}$ D $\frac{1}{12}$ E $\frac{5}{54}$ F $\frac{1}{9}$

G $\frac{7}{54}$ H $\frac{7}{27}$ I $\frac{8}{9}$ J AからIのいずれでもない

（1）設問文を図にすると、以下の通り。定価に対して一括払いで割引される

分と、分割払いで余分に支払う分を足せば、それが支払う総額の差。

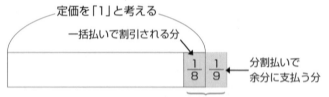

定価を「1」と考える

一括払いで割引される分

$\frac{1}{8}$ $\frac{1}{9}$

分割払いで
余分に支払う分

求めるのはコレ（支払う総額の差）

一括　　　分割　　　　　　　支払う総額の差

$$\frac{1}{8} + \frac{1}{9} = \frac{9+8}{72} = \frac{17}{72}$$

（2）分割払いの人は、定価の $\frac{1}{9}$ を余分に支払うので、支払いの総額は $\frac{10}{9}$。

これを12分割すれば、月々の支払い額がわかる。

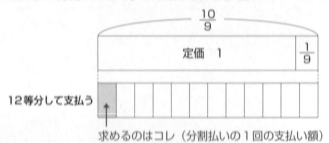

$\frac{10}{9}$

定価　1

$\frac{1}{9}$

12等分して支払う

求めるのはコレ（分割払いの1回の支払い額）

分割払いの総額　12分割　　　　　　月々の支払い額

$$\frac{10}{9} \div 12 = \frac{\overset{5}{10} \times 1}{9 \times \underset{6}{12}} = \frac{5}{54}$$

正解　（1）E　（2）E

ある倉庫の片付けを行うことにした。1日目には全体の $\frac{1}{7}$ を片付けた。

(1) 2日目に、1日目に片付けた分の $\frac{2}{5}$ を片付けたとすると、残りは全体のどれだけになるか。

A $\frac{2}{35}$　　B $\frac{1}{5}$　　C $\frac{16}{35}$　　D $\frac{19}{35}$　　E $\frac{3}{5}$　　F $\frac{5}{7}$

G $\frac{4}{5}$　　H $\frac{6}{7}$　　I $\frac{31}{35}$　　J $\frac{33}{35}$

(2) 2日目から5日目までに全体の $\frac{1}{4}$ を片付けるとすると、残りは1日目に片付けた分の何倍になるか。

A $\frac{11}{28}$ 倍　　B $\frac{17}{28}$ 倍　　C $\frac{3}{4}$ 倍　　D $\frac{17}{11}$ 倍　　E $\frac{7}{4}$ 倍　　F $\frac{11}{4}$ 倍

G $\frac{13}{4}$ 倍　　H $\frac{17}{4}$ 倍　　I $\frac{19}{4}$ 倍　　J 5 倍

（1）設問文を図にすると、以下の通り。①2日目に片付けた分を求め、②全体から1日目と2日目の片付け分を引く。

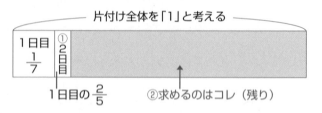

―― 片付け全体を「1」と考える ――

1日目の $\frac{2}{5}$　　　②求めるのはコレ（残り）

① $\dfrac{1}{7} \times \dfrac{2}{5} = \dfrac{2}{35}$

② $1 - \left(\dfrac{1}{7} + \dfrac{2}{35} \right) = 1 - \dfrac{5+2}{35} = 1 - \dfrac{7}{35} = \dfrac{\overset{4}{28}}{\underset{5}{35}} = \dfrac{4}{5}$

（2）残りを求めて、1日目の何倍かを計算する。

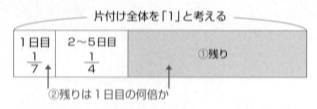

―― 片付け全体を「1」と考える ――

②残りは1日目の何倍か

① $1 - \left(\dfrac{1}{7} + \dfrac{1}{4} \right) = 1 - \dfrac{4+7}{28} = 1 - \dfrac{11}{28} = \dfrac{17}{28}$

② $\dfrac{17}{28} \div \dfrac{1}{7} = \dfrac{17 \times \overset{1}{7}}{\underset{4}{28} \times 1} = \dfrac{17}{4}$

正解　（1）G　（2）H

⑰代金の精算

払いすぎは返してもらう、足りなければ支払う

◉借金返済と、ワリカン払いの方法を考える

◉合計÷人数＝平均 ─ワリカンでの1人あたりの負担額

【例題】

> XとYは友人宅に結婚祝いを持って行くことになり、2人で贈り物を買うことにした。XはYに6000円渡し、Yは贈り物として14000円の品物を買った。また、もともとXはYに3000円貸していた。

（1）この時点で、2人の間の貸し借りがすべてなくなるよう精算するとしたら、どちらがどちらにいくら支払えばよいか。ただし、贈り物の代金は2人が同額ずつ負担するものとする。

A	XがYに1000円支払う	B	XがYに2000円支払う
C	XがYに3000円支払う	D	XがYに4000円支払う
E	XがYに5000円支払う	F	YがXに1000円支払う
G	YがXに2000円支払う	H	YがXに3000円支払う
I	YがXに4000円支払う	J	YがXに5000円支払う

（2）2人は友人宅に行く途中で6000円の菓子を買い、代金はXが支払った。この時点で、2人の間の貸し借りがすべてなくなるよう精算するとしたら、どちらがどちらにいくら支払えばよいか。ただし、贈り物と菓子の代金は2人が同額ずつ負

担するものとする。

A	XがYに1000円支払う	B	XがYに2000円支払う
C	XがYに3000円支払う	D	XがYに4000円支払う
E	XがYに5000円支払う	F	YがXに1000円支払う
G	YがXに2000円支払う	H	YがXに3000円支払う
I	YがXに4000円支払う	J	YがXに5000円支払う

✂ カンタン解法 ✂

（1）2人の貸し借りをまとめると以下の通り。

　　XがYに渡した6000円はXからYへの貸しと考える（②）。また、Yが
　　支払った贈り物代14000円は、1人あたりにすると7000円なので、
　　YからXへ7000円の貸しと考える（③）。

```
①3000円
②6000円      整理すると      2000円
X ━━━━━→ Y  ━━━━━━→  X ──────→ Y
③7000円
```

　　──────▶ ①前から貸しているお金　②贈り物代の前渡し分

　　┈┈┈┈┈▶ ③贈り物代（Yからの貸しと考える）

　　よって、YがXに2000円支払えばよい。

（2）Xが支払った菓子代6000円は1人あたり3000円なので、XからYへ
　　3000円の貸しと考える。前問の時点で、XからYへの貸しが2000円
　　だったので、合わせるとXからYへの貸しが5000円。よって、YがX
　　に5000円支払えばよい。

正解　（1）G　（2）J

練習問題 ① 代金の精算

P、Q、Rの3人の間には次のような貸し借りがある。QはPに2500円の借金があり、RはPに2000円、Qに3500円の借金がある。

ある日、3人で水族館に行った。料金は1人3500円であったが、ひとまずRが合計10500円を支払った。このあと3人の間で貸し借りがなくなるよう精算する方法として、次の2通りの方法を考えた。

①QがPに（a）円支払い、PがRに（b）円支払う
②QがRに（c）円支払い、RがPに（d）円支払う

ただし、a、b、c、dはすべて0か正の整数とする。

（1）（a）に当てはまるのはいくらか。

A 0　　　B 500　　　C 1000　　　D 1500　　　E 2000　　　F 2500

G 3000　　H 3500　　I この方法では精算できない

（2）（b）に当てはまるのはいくらか。

A 0　　　B 500　　　C 1000　　　D 1500　　　E 2000　　　F 2500

G 3000　　H 3500　　I この方法では精算できない

（3）水族館の料金10500円を、Rがひとまず支払うのではなく「3人の貸し借りを帳消しするように支払う」場合、Pは結果としていくら支払う、もしくは受け取ることになるか。

A 2000円受け取る　　　B 1500円受け取る　　　C 1000円受け取る

D 500円受け取る　　　E 支払いも受け取りもしない

F 500円支払う　　　G 1000円支払う　　　H 1500円支払う

I この方法では精算できない

🎀 解 説 🎀

（1）3人の貸し借りをまとめると以下の通り。

Rが払った水族館代10500円は、PとQに3500円ずつ貸しと考える（残り3500円はR自身の分なので、貸し借りは発生しない）。

Rはプに1500円貸しているのと同じ

→ 前から貸しているお金

┈┈┈▶ 水族館代（Rからの貸しと考える）

よって、設問の①の方法で精算するときは、

QがPに（2500）円支払い、PがRに（1500）円支払う。

（2）すでに前問で求めたように、PがRに支払うのは1500円。

（3）水族館に行く前の3人の貸し借り状況は、右図の通り。

```
        P
   2500円 / \ 2000円
      /     \
     Q ─3500円→ R
```

設問で問われているのはPのこと。Pに注目して考える。

Pは、Qに2500円、Rに2000円、あわせて4500円を貸している。ここからPの水族館代3500円（借りと扱う）を引くと、差し引き1000円の貸しが残る。 ➡ 精算時にPは1000円受け取ることになる。

正解 （1）F （2）D （3）C

3章

SPI-G
言語

SPI-G言語問題の概要

言語問題の出題範囲の違い

	転職者用 （SPI-G）		新卒者用 （SPI-U）		備　考
	紙	テ	紙	テ	
二語関係	◎	◎	◎	◎	同じ関係を選ぶタイプと、同じ関係になるよう言葉を選択するタイプがある
熟語の意味	×	◎	◎	◎	GとUで同じ問題が出題されることがある
反対語	◎	×	×	×	
語句の用法	×	◎	◎	◎	GとUで同じ問題が出題されることがある
文の並べ換え	×	○	×	○	文節を並べ換えて1つの文章を作るタイプと、文章を並べ換えて長文を作るタイプがある
空欄補充	×	○	○	○	GとUで同じ問題が出題されることがある
長文読解	◎	○	◎	○	ペーパーとテストセンターでは、文章量などに違いがある

※紙＝ペーパーテスト　※テ＝テストセンター
◎：高い頻度で出題される　○：出題されることがある　×：出題されない
＊上表のデータは、SPIノートの会の独自調査によるものです。無断転載を禁じます。
©SPIノートの会

　上表からもわかるように、ペーパーとテストセンターとでは出題範囲に大きな違いがあります。また、テストセンターに限っては、「SPI-G」と「SPI-U」とで同じ問題が出題されるケースもあります。

　テスト種別というよりは、受検方式（テストセンターかペーパーか）によって違いがあると捉えたほうがよいでしょう。

本書では、短時間の学習で効果が出やすい語彙の問題（二語関係、熟語の意味など）から順に掲載します。

SPI-G言語問題の出題数

●ペーパーテストの出題数

二語関係　　16問前後

反対語　　　16問前後

長文読解　　長文4つ、問題数は1長文につき5〜7問

●テストセンターの出題数

　テストセンターはその性質上、出題範囲のどの分野から何問出題されるかは決まっていません。言語問題のはじめのほうで出題される二語関係や熟語の意味などで時間がかかりすぎたり、正答率が低い場合は、長文読解まで至らずに終了してしまうケースもあります。

SPI-G言語問題の設問内容と対策

●二語関係

　太字で示された二語の関係を考え、同じ関係を探す問題と、同じ関係になるよう熟語を探す問題があります。7種の分類記号（171ページを参照）をマスターし、機械的に素早く解けるようにしましょう。

●熟語の意味

「SPI-G」ではテストセンター特有の問題です。設問と意味が一致する熟語を探すもので、慣用句や動詞などが問われることもあります。「一回は聞いたことがあるが、改めて意味を問われると迷う」レベルの言葉が多くあります。現在ではあまり使われない、古めかしい表現が出題されることもありま

す。ただし、いずれも中学校や高校までの現代文の範疇で解けるものです。
音訓読みを変えたり、単語を分解するなどの方法で解くことができます。

●反対語

「SPI-G」のペーパー特有の問題です。設問と反対の意味を持つ言葉を選択
肢から探します。熟語の意味同様、単語を分解して反対の意味を持つ文字を
探すなどの方法が有効です。

●語句の用法

「SPI-G」ではテストセンター特有の問題です。複数の意味を持つ助詞・動
詞・名詞から設問と同じ用法で使われている文章を選ぶ形式です。言い換え
などの方法で解きます。やや難解なものが多く、時間をかけすぎないことが
ポイントです。

●文の並べ換え

　これも、「SPI-G」ではテストセンター特有の問題です。ばらばらに並べら
れた選択肢を正しい順番に並べ換えます。文節を並べ換えて1つの文章を作
るタイプ（文節タイプ）と、文章を並べ換えて長文を作るタイプ（文章タイプ）
があります。前後の内容などからつながりを推測して解きましょう。

●空欄補充

　文中の空欄に入る言葉として適切な選択肢を選ぶ問題です。設問文からヒ
ントとなる言葉や表現を適切に読み取ることが大事です。

●長文読解

　長文を読んで設問に答える形式。接続語などで空欄を補充する問題や、長
文の主旨を選択させる問題などがあります。
　使用される長文は、エッセイや平易に読み下せる評論文がほとんどで、難

解な用語はありません。しかし、長文読解の問題そのものが簡単というわけではありません。どの問題も、本書で説明するポイントを押さえて素早く解くことが必要です。

国語が不得意でも対策は可能!

「SPI-G」の言語問題は、出題される範囲が限られています。仕事で書類作成をしたり、新聞や書籍で活字に親しんできた人なら、有利に対策を進められるでしょう。

「国語はもともと苦手」「活字に親しむ習慣がない」という人でも、言語問題に必要な能力の底上げは可能です。まずは「どんなタイプの設問が、どのくらい出題されるのか」をあらかじめ本書で確認してから、再現問題を解いておきましょう。これだけでも効果が見込めます。

① 二語関係(1)六択

：7種類の分類記号を使って関係を明らかにする：

◎SPIで出題される二語の関係は7種類

◎分類を頭に入れて、素早く回答する!

◎まれに7種類に当てはまらない場合も。そのとき
は常識から判断して臨機応変に対応する!

【例題】

(問) 太字で示された二語の関係を考え、同じ関係のものを選びなさい。

人災 : 災害

ア 織物：麻

イ 服装：和服

ウ 制服：衣服

A アだけ   B イだけ   C ウだけ

D アとイ   E アとウ   F イとウ

カンタン解法

この７種類の分類記号を覚えれば二語関係の対策は完璧！

関係（記号）	具体例	考え方
同じ意味 （＝）	マグネット＝磁石 「マグネット」と「磁石」は同じ	AとBは同じ
対立する意味 （⇔）	収入⇔支出 「収入」に対立する語が「支出」	Aに対立する語がB
含む・含まれる （⊃、⊂）	辞典⊃漢和辞典 「辞典」は「漢和辞典」を含む	AはBを含む Aの一種がB
	野球⊂スポーツ 「野球」は「スポーツ」に含まれる	AはBに含まれる AはBの一種
役目 （役）	石けん：洗浄（役） 「石けん」は「洗浄」する	AはBする
原料 （原）	日本酒：米（原） 「日本酒」は「米」からできる	AはBからできる
同列 （列）	邦楽：洋楽（列） 「邦楽」も「洋楽」も音楽の一種	AもBも～の一種
一組・ワンセット （組）	針：糸（組） 「針」と「糸」は一緒に使う	AとBは一緒に使う

（問）「人災」はいろいろある「災害」の一種。「人災⊂災害」となる。選択肢のうち、同じ関係になるのは「ウ　制服⊂衣服」だけ。

アは「織物⊃麻」、イは「服装⊃和服」で、ア～ウのすべてが「含む・含まれる」の関係。ただし、右側の言葉に左側の言葉が含まれるのはウだけ。

※この７種類の分類記号を押さえれば、後は常識の範囲で判断が可能。

正解　C

3章 二語関係（六択）

練習問題 ① 二語関係(六択)

太字で示された二語の関係を考え、同じ関係のものを選びなさい。

(1) 画才:才能

ア 人形:ミニカー

イ かさ:雨具

ウ 植物:生物

A アだけ　　B イだけ

C ウだけ　　D アとイ

E アとウ　　F イとウ

(2) 病院:診療

ア 学校:教育

イ 教師:生徒

ウ 銀行:通貨

A アだけ　　B イだけ

C ウだけ　　D アとイ

E アとウ　　F イとウ

(3) 初日:千秋楽

ア お盆:年度末

イ 元旦:大晦日

ウ 節分:節句

A アだけ　　B イだけ

C ウだけ　　D アとイ

E アとウ　　F イとウ

(4) しょうゆ:大豆

ア 紙:パルプ

イ ワイン:ぶどう

ウ みそ:ソース

A アだけ　　B イだけ

C ウだけ　　D アとイ

E アとウ　　F イとウ

（1） **画才⊂才能**　「画才」は「才能」の一種

　　×ア 人形：ミニカー（列）　○イ かさ⊂雨具　　○ウ 植物⊂生物

> ア「人形」も「ミニカー」も「おもちゃ」の一種。

（2） **病院：診療（役）**「病院」は「診療」する

　　○ア 学校：教育（役）　×イ 教師：生徒（なし）

　　×ウ 銀行：通貨（なし）

> ア「学校」は「教育」するところ。イとウは７つのどの分類にも当てはま
> らない。このようなとき、ペーパーテストでは、問題冊子に（なし）など
> とメモするとわかりやすい。

（3） **初日⇔千秋楽**　「初日」と「千秋楽」は対立する言葉

　　×ア お盆：年度末（なし）　○イ 元旦⇔大晦日（おおみそか）

　　×ウ 節分：節句（なし）

> 「初日」は「何日間か続けて行われる催し物などの最初の日」の意味で、「千
> 秋楽」は「相撲・芝居などの興行の最後の日」の意味。

（4） **しょうゆ：大豆（原）**「しょうゆ」は「大豆」からできる

　　○ア 紙：パルプ（原）　○イ ワイン：ぶどう（原）

　　×ウ みそ：ソース（列）

正解　（1）F　（2）A　（3）B　（4）D

※言葉の定義は『大辞林第三版』（三省堂）から引用しました。

練習問題 ② 二語関係（六択）

太字で示された二語の関係を考え、同じ関係のものを選びなさい。

(5) **バス：輸送**

ア　ミシン：縫製
イ　除草剤：防虫剤
ウ　サンドペーパー：研磨

A　アだけ　　B　イだけ
C　ウだけ　　D　アとイ
E　アとウ　　F　イとウ

(6) **西洋史：歴史**

ア　資材：原料
イ　教科書：教材
ウ　学校：教育

A　アだけ　　B　イだけ
C　ウだけ　　D　アとイ
E　アとウ　　F　イとウ

(7) **ダム：貯水**

ア　ブレーキ：制動
イ　プロペラ：推進
ウ　マグニチュード：震災

A　アだけ　　B　イだけ
C　ウだけ　　D　アとイ
E　アとウ　　F　イとウ

(8) **声域：ソプラノ**

ア　音楽：洋楽
イ　音符：記号
ウ　作曲：演奏

A　アだけ　　B　イだけ
C　ウだけ　　D　アとイ
E　アとウ　　F　イとウ

解　説

(5) **バス：輸送（役）** 「バス」は「輸送」する

　　○ア ミシン：縫製（役）　×イ 除草剤：防虫剤（なし）

　　○ウ サンドペーパー：研磨（役）

> ア「ミシン」は「縫製」する。ウ「サンドペーパー」は「研磨」する。イは7つの分類のどれにも当てはまらない。

(6) **西洋史⊂歴史** 「西洋史」は「歴史」の一種

　　×ア 資材：原料（なし）　○イ 教科書⊂教材　×ウ 学校：教育（役）

> イ「教科書」は「教材」の一種。ウ「学校」は「教育」するところ。アは「同列」（「資材」も「原料」も「材料」の一種）と考えることができるが、いずれにしても不正解。

(7) **ダム：貯水（役）** 「ダム」は「貯水」する

　　○ア ブレーキ：制動（役）　○イ プロペラ：推進（役）

　　×ウ マグニチュード：震災（なし）

> ア「制動」は「運動体を止めること」の意味で、ブレーキの役目。ウは7つの分類のどれにも当てはまらない。

(8) **声域⊃ソプラノ** 「ソプラノ」は「声域」の一種

　　○ア 音楽⊃洋楽　×イ 音符⊂記号　×ウ 作曲：演奏（なし）

> アもイも「含む・含まれる」の関係だが、太字の二語と同じなのはアだけ。ウは7つの分類のどれにも当てはまらない。

正解 (5) E (6) B (7) D (8) A

※言葉の定義は「大辞林第三版」（三省堂）から引用しました。

2 二語関係(2)五択

問題の体裁が違っても、基本的な解法は同じ

◉二語関係(1)で解説した7種類の分類記号(171ページ)を使う!

◉太字の二語の関係を正確につかむ!

【例題】

(問) 太字で示された二語の関係を考え、同じ関係のものを選びなさい。

電話：通信

薬 {
A　治療
B　病気
C　病院
D　処方箋(せん)
E　医師

✖ カンタン解法 ✖

太字の二語の関係を分類して、同じ関係になる言葉を選択肢から探す。

「二語関係（1）六択」と同じく、基本の分類記号（171ページ）を使って解く。

このタイプの設問では、選択肢に似た意味の言葉が多く並んでいる。最初に太字の二語の関係を正確につかむことが大事。

（問）**電話：通信**

⬇

　　「電話」は「通信」する（電話：通信（役））

そこで、5つの選択肢に「薬」は「〜する」と当てはめてみる。すると、文が成立するのは「A　治療」だけ。

> 例題では、選択肢で「〜する」が該当する動詞は「A　治療」だけなので比較的わかりやすい。答えになりそうな選択肢が複数あり、迷う場合は、「『〜』で『〜』する」など、別の表現にしてみるとよい。
>
> ●電話：通信　→　「電話」で「通信」する
>
> ● 薬：治療　→　「薬」で「治療」する

正解　**A**

練習問題 ① 二語関係(五択)

太字で示された二語の関係を考え、同じ関係のものを選びなさい。

(1) 燃料：石炭

鉱物 {
A　鉱業
B　鉱山
C　鉄鉱
D　採炭
E　炭鉱
}

(2) 力士：角界

文士 {
A　小説家
B　文学
C　文壇
D　著書
E　著述業
}

(3) バット：ボール

鍵(かぎ) {
A　錠
B　玄関
C　戸締まり
D　金具
E　キーホルダー
}

(4) 社則：規則

原子力 {
A　発電
B　電気
C　電灯
D　静電気
E　エネルギー
}

❧ 解　説 ❧

(1) 燃料⊃石炭　「燃料」は「石炭」を含む

　　鉱物：　○C　鉄鉱

> 鉱物の一種は何かという観点で探す。

(2) 力士：角界　「力士」がいる、相撲の社会は「角界」

　　文士：　○C　文壇

> 「文士」とは「文筆を職業とする人」のこと。文士たちの社会を「文壇」という。7つの分類に当てはまらないが、「角界」の「界」から推測して、業界や社会を表す言葉を探せば、答えがわかる。

(3) バット：ボール（組）　「バット」と「ボール」はセットで使う

　　鍵(かぎ)：　○A　錠

> 「鍵」は「錠」を開けるためのもので、セットで使う。

(4) 社則⊂規則　「社則」は「規則」の一種

　　原子力：　○E　エネルギー

> 「原子力」は「エネルギー」の一種。

正解　(1) C　(2) C　(3) A　(4) E

※言葉の定義は『大辞林第三版』(三省堂)から引用しました。

練習問題 ② 二語関係（五択）

太字で示された二語の関係を考え、同じ関係のものを選びなさい。

(5) モーター：機械

坪
- A　不動産
- B　単位
- C　建物
- D　測量
- E　土地

(6) 自転車：スクーター

そろばん
- A　計算
- B　経理
- C　勘定
- D　電卓
- E　暗算

(7) たいこ：ばち

弓
- A　射的
- B　やり
- C　矢
- D　弓術
- E　武具

(8) 時計：分針

建物
- A　住居
- B　家屋
- C　土地
- D　壁
- E　空き地

(5) **モーター⊂機械** 「モーター」は「機械」の一種

　　坪： ○B 単位

> 「坪」は「単位」の一種。選択肢には、不動産関係の用語が並び、答えに迷うが、同じ関係になるかならないかで考えると、答えがすぐわかる。

(6) **自転車：スクーター（列）**

　　「自転車」も「スクーター」も「乗り物」の一種

　　そろばん： ○D 電卓

> 「そろばん」も「電卓」も「計算機」の一種。

(7) **たいこ：ばち（組）**「たいこ」と「ばち」は一緒に使う

　　弓： ○C 矢

> 「弓」と「矢」は一緒に使う。「射的」「弓術」など、一見関係がありそうな選択肢がある。ひっかからないこと。

(8) **時計⊃分針** 「分針」は「時計」を構成する一部

　　建物： ○D 壁

> 「壁」は「建物」を構成する一部。

正解 (5) **B** (6) **D** (7) **C** (8) **D**

③熟語の意味

全選択肢に目を通して、消去法を使う！

◎熟語を分解して、文字単位で考える！

◎文字のイメージで考える！ それでも絞りきれない
場合は消去法で解く！

【例題】

（問）次の問いについて、意味が最も合致するものをAからEの中から１つ選びな
さい。

もろくて弱いこと

- A　薄弱
- B　衰弱
- C　虚弱
- D　脆弱（ぜいじゃく）
- E　軟弱

熟語の意味では、次のようなパターンが出題されることがある。

● 設問文の中の漢字2文字をそのまま使ったパターン

→例題の「もろくて弱いこと」が該当

● 「設問文の漢字にイメージが通じるものが正解」というパターン

→例えば、設問文にプラスのイメージの言葉があれば、正解もプラスのイメージの言葉

(問)「もろい」を漢字で書くと「脆い」。「脆」「弱」がそのまま使われている「D 脆弱（ぜいじゃく）」が正解。

> 上記のパターンに当てはまらない場合は、次の手順で考えてみるのも手。
>
> 1. 「消去法」を使って、明らかに意味の異なる選択肢を消す。
>
> 2. 残った選択肢の熟語を分解する。
>
> 漢字自体の意味を考えたり、音訓読みを変えてみたりして、設問と意味が一致するものを探す。

正解 D

練習問題 ① 熟語の意味

各問いについて、意味が最も合致するものをAからEの中から1つ選びなさい。

(1) 働くこともせずに遊び暮らすこと

A　徒食

B　無策

C　放蕩（ほうとう）

D　徒然

E　飽食

(2) あながち

A　まさか

B　決して

C　きっと

D　必ずしも

E　おそらく

(3) 全体を大ざっぱにみること

A　鳥瞰（ちょうかん）

B　概観

C　俯瞰（ふかん）

D　客観

E　達観

(4) 一時しのぎにごまかすこと

A　口実

B　弁解

C　偽装

D　糊口（ここう）

E　糊塗（こと）

（1）働くこともせずに遊び暮らすこと ＝ **徒食**

× 放蕩＝「酒や女におぼれて身持ちがおさまらないこと」

× 徒然＝「なすこともなく退屈なこと」

> 「徒食」は「無為徒食」という四字熟語でよく使われる。「放蕩」と迷うが、「働かず遊び暮らす」だけでは「放蕩」とまでは言わない。

（2）あながち ＝ **必ずしも**

打ち消しの言葉を伴って「必ずしも〜でない」という意味になる

> 熟語以外に、このような副詞が出題されることもある。「あながち間違いでもない」など、当てはまりそうな単語を使って例文を作ってみるとよい。

（3）全体を大ざっぱにみること ＝ **概観**

× 鳥瞰＝「高い所から見おろすこと」。俯瞰も同じ意味

× 達観＝「細かい事にこだわらず、物事の本質を見通すこと」

> 設問の「大ざっぱ」に着目。「概」を訓読みすると「概（ね）」で、「大ざっぱ」とほぼ同じ意味とわかる。

（4）一時しのぎにごまかすこと ＝ **糊塗**

× 糊口＝「（ほそぼそと）暮らしを立てること」

> 「糊」の訓読みは「のり」。「ごまかす」という点で「C 偽装」と共通するが、「一時しのぎ」という意味があるのは「E 糊塗」だけ。

正解 （1）**A** （2）**D** （3）**B** （4）**E**

※言葉の定義は『大辞林第三版』（三省堂）から引用しました。

練習問題 ② 熟語の意味

各問いについて、意味が最も合致するものをAからEの中から1つ選びなさい。

(5) とても珍しくて滅多にないこと

A 珍妙

B 希有^{けう}

C 珍奇

D 特異

E 未曾有

(6) 仕返しをする

A 一矢を報いる

B 一石を投じる

C 一戦を交える

D 一服盛る

E 一翼を担う

(7) 罪を問いただして、非難すること

A 糾弾

B 糾明

C 追及

D 告訴

E 暴露

(8) お祝いを述べること

A たたえる

B ほめる

C ことほぐ

D もちあげる

E よみする

(5) とても珍しくて滅多にないこと ＝ **希有**(けう)

　　× 珍奇＝「非常に珍しく変わっていること」

　　× 未曾有＝「今まで一度もなかったこと。きわめて珍しいこと」

> 「珍」が入った選択肢が多いので、「滅多にないこと」を表す言葉を探す。
> 「B 希有」の「希」の訓読みは「まれ」で、これが正解。

（6）仕返しをする ＝ **一矢を報いる**(いっし)

　　× 一石を投じる＝「人々の反響を呼ぶような問題を投げかける」

　　× 一翼を担う＝「一翼」の意味は「一つの役割、持ち場」のこと。

> SPIでは、慣用句が出題されることもある。漢字から判断するのが難しい
> 場合は、消去法で解くとわかりやすい。

（7）罪を問いただして、非難すること ＝ **糾弾**(きゅうだん)

　　× 糾明 ＝「罪・不正などを問いただして事実を明らかにすること」

　　× 暴露 ＝「他人の秘密・悪事などをあばいて明るみに出すこと」

> 「罪を問いただす」「非難」の両方が入っているものを選ぶ。「B 糾明」「C
> 追及」と迷うが、両方の意味が入っているのは「A 糾弾」だけ。

（8）お祝いを述べること ＝ **ことほぐ**

　　× よみする ＝「よしとする。ほめる」

> 熟語、慣用句に混じって、まれに出ることがあるのが動詞の設問。ぱっと見
> で迷う場合は消去法で解く。「ことほぐ」は「言祝ぐ」とも書き、これが正解。

正解 （5）**B** （6）**A** （7）**A** （8）**C**

※言葉の定義は『大辞林第三版』（三省堂）から引用しました。

練習問題 ③ 熟語の意味

各問いについて、意味が最も合致するものをAからEの中から１つ選びなさい。

(9) 立場をわきまえず
出過ぎたことをすること

A　過剰

B　横柄

C　不徳

D　僭越

E　過分

(10) はげまして気持ちを
ふるい立たせること

A　助成

B　鼓舞

C　勉励

D　挑発

E　応援

(11) 仲が悪く、葛藤すること

A　波風

B　軋轢

C　齟齬

D　紛糾

E　対決

(12) 意志が強くて
物事に動じないさま

A　厳粛

B　偏屈

C　精悍

D　威厳

E　毅然

（9）立場をわきまえず出過ぎたことをすること　＝　**僭越**（せんえつ）

　　×　横柄　＝「人を見下したようなえらそうな態度をとるさま」

　　×　過分　＝「分に過ぎた扱いを受けること。身に余るさま」

> 「越」という漢字から、下の立場から上に対して何かすることと推測できる。
> 「横柄」は上から見下すさま、「過分」は自分の受ける扱いについての言葉。

（10）はげまして気持ちをふるい立たせること　＝　**鼓舞**（こぶ）

　　×　勉励　＝「学業などにつとめはげむこと」

　　×　挑発　＝「相手を刺激して向こうから事を起こすようにしむけること」

> 「気持ちをふるい立たせる」という意味の有無で選ぶ。「鼓舞」には「鼓を
> 打って舞わせる」＝気持ちをふるい立たせるというニュアンスがある。

（11）仲が悪く、葛藤（かっとう）すること　＝　**軋轢**（あつれき）

　　×　齟齬（そご）　＝「物事がくいちがって、意図した通りに進まないこと」

　　×　紛糾　＝「もつれ乱れること。ごたごたすること」

> 「葛藤」は「人と人とが譲ることなく対立すること。争い」という意味。「仲が
> 悪い」「争っている」の両方が入っている熟語は「B　軋轢」だけ。

（12）意志が強くて物事に動じないさま　＝　**毅然**（きぜん）

　　×　偏屈　＝「性質が素直でなく、ねじけていること」

　　×　精悍（せいかん）　＝「動作や顔つきが鋭く、力強いこと」

> 「意志が強い」「動じない」というプラスのイメージから探す。

正解　（9）D　（10）B　（11）B　（12）E

※言葉の定義は『大辞林第三版』（三省堂）から引用しました。

4 反対語

単語を分解して、対立する言葉を探す！

● 文字単位で分解して反対語を考える！

● それでもわからなければ音訓読みを変えてみる！

● 難解な言葉は出ない。確実に正答して点数を稼ぐ！

【例題】

（問）次の問いについて、最初に示された言葉と最もはっきりした反対語をAから
Eの中から1つ選びなさい。

繁忙

　　A　停滞

　　B　閑散

　　C　後退

　　D　悠長

　　E　単調

❈ カンタン解法 ❈

反対語で出題されるのは熟語や動詞。設問の言葉を文字単位で見て、それと反対の意味を持つ言葉が選択肢に入っているかどうかで解くとよい。

（問）「繁忙」の「忙」から、反対の意味の言葉を探す。

繁忙 → 「忙」という字が含まれている。

「いそがしい」と反対の意味の言葉は？

A　停滞　×　「一か所にとどまって先へ進まないこと」

B　閑散　○　「閑（訓読みで『ひま』）」の字がある。

C　後退　×　「後方へしりぞくこと」

D　悠長　×　「落ち着いていて気の長いこと」

E　単調　×　「同じような状態が続いて変化が乏しいこと」

設問の「繁忙」の意味は「用事が多くて忙しいこと」。

正解　B

※言葉の定義は『大辞林第三版』（三省堂）から引用しました。

練習問題 ①　反対語

各問いについて、最初に示された言葉と最もはっきりした反対語をAからEの中から1つ選びなさい。

（1）**漠然**

A　偶然

B　判然

C　当然

D　平然

E　泰然

（2）**例外**

A　実情

B　実例

C　基本

D　原則

E　規律

（3）**浅学**

A　向学

B　好学

C　修学

D　博学

E　雑学

（4）**相対的**

A　原則的

B　普遍的

C　一般的

D　物理的

E　絶対的

（1）漠然　←→　判然

「漠」は「ぼんやりして、はっきりしないさま」の意味。これと反対の意味の言葉は「B　判然」。

> 「E　泰然」の意味は「落ち着いていて物事に動じないさま」。

（2）例外　←→　原則

「例外」の意味は「原則にあてはまらないこと」。

> 「例外」「原則」は一般的によく使われる言葉。字の意味やイメージで判断するのではなく、「例外←→原則」とセットで覚えておくと役立つ。

（3）浅学　←→　博学

「浅学」は「学問や知識が浅いこと」。

「博」は「博識」など、おもに知識などが豊富なことを表すときに使われる言葉。

> 「A　向学」は「学問に志すこと」。「C　修学」は「学問や知識を学びおさめること」。

（4）相対的　←→　絶対的

「相対的」の意味は「他との関係・比較の上で成り立っているさま」。

「絶対的」は「物事が絶対であるさま。何物にも制限されないさま」。

> （2）と同じく、「相対←→絶対」とセットで覚えておくとよい。

正解　（1）B　（2）D　（3）D　（4）E

※言葉の定義は『大辞林第三版』（三省堂）から引用しました。

練習問題 ② 反対語

各問いについて、最初に示された言葉と最もはっきりした反対語をAからEの中から1つ選びなさい。

(5) **したがう**

A そしる
B だしぬく
C そむく
D あざむく
E あなどる

(6) **辛勝**

A 圧勝
B 連勝
C 全勝
D 優勝
E 常勝

(7) **勝勢**

A 敗走
B 敗色
C 敗亡
D 敗退
E 惨敗

(8) **とどこおる**

A うめる
B ながれる
C なおる
D かたづける
E てまどる

（5）**したがう　←→　そむく**

すべてひらがなの動詞。反対語として当てはまるのは「C　そむく」だけ。

> 「A　そしる」は「人を悪くいう」、「D　あざむく」は「相手を信頼させて
> おいてだます」。「E　あなどる」は「相手を見下げて軽んずる」の意味。

（6）**辛勝　←→　圧勝**

設問を分解して訓読みすると「辛うじて」「勝つ」。反対語として適切な言葉は「圧倒的な勝利」という意味の「A　圧勝」。

> 「辛勝」の反対語としてよく使われる言葉は「楽勝」だが、選択肢にない。

（7）**勝勢　←→　敗色**

すべての選択肢に「敗」が入っているので、設問が「勝」つということの何を示す言葉なのかを考える。「勝勢」の意味は「勝つ見込みが強いこと」で、反対語は「負けそうな様子」という意味の「B　敗色」。

> 「C　敗亡」は「戦いに敗れて滅亡すること」の意味。

（8）**とどこおる　←→　ながれる**

これも動詞の設問。漢字で「滞る」と書いてみるとわかりやすい。

> 「とどこおる」の「とど」は「とどまる」と同じ語源の言葉。停滞と考え、
> 反対の意味の言葉を探すとわかりやすい。

正解　(5) C　(6) A　(7) B　(8) B

※言葉の定義は「大辞林第三版」（三省堂）から引用しました。

5 語句の用法（多義語）

「同じ意味の、違う言葉」で言い換える！

◉ 言い換えて意味が通るものが正解！

◉ 適切な言い換えが見つかるまで何度かやってみる！

【例題】

（問）次の問いについて、下線部の語が最も近い意味に使われているものを、AからEの中から1つ選びなさい。

台風を<u>もの</u>ともせず出かけた

- A <u>もの</u>の数ではない
- B <u>もの</u>のあわれが感じられる
- C <u>もの</u>は言いよう
- D <u>もの</u>の1キロと歩かないうちに
- E <u>もの</u>の見事に成功した

❊ カンタン解法 ❊

「多義語」とは、「同じ言葉（漢字）で、複数の意味を持つ言葉」のこと。この設問の「もの」も、多義語の１つ。

多義語の場合は、設問の文をヒントに適切な言い換え語を見つけられるかどうかがポイント。

（問）台風を<u>もの</u>ともせず出かけた

⬇

「もの」を「たいしたこと」で言い換えてみる。

⬇

台風をたいしたことともせず出かけた

○　A　たいしたこと（の数）ではない　→意味が通る

×　B　たいしたことのあわれが感じられる　→意味が通らない

×　C　たいしたことは言いよう　→意味が通らない

×　D　たいしたことの１キロと歩かないうちに　→意味が通らない

×　E　たいしたことの見事に成功した　→意味が通らない

Aはそのまま言い換えると「たいしたことの数ではない」となり、一見意味が通らない。しかし、上記で「（の数）」とカッコ付けしたように、言い換えた後に臨機応変に略して考えると、正解が見つけやすい。

> 「語句の用法」では、言い換えが最も手軽で有効な対策。適切な言い換えを見つけて点数を稼ぐことを心がけよう。

正解　A

練習問題 ① 語句の用法（多義語）

各問いについて、下線部の語が最も近い意味に使われているものを、AからEの中から1つ選びなさい。

(1) 作品ができ<u>あがる</u>

- A　腕が<u>あがる</u>
- B　速度が<u>あがる</u>
- C　雨が<u>あがる</u>
- D　人気が<u>あがる</u>
- E　調子が<u>あがる</u>

(2) あこがれの<u>地</u>

- A　天<u>地</u>無用
- B　小説を<u>地</u>で行く
- C　悟りの境<u>地</u>に達する
- D　<u>地</u>の利がある
- E　<u>地</u>べたに座り込む

(3) 消息を<u>寄せる</u>

- A　客を<u>寄せる</u>
- B　関心を<u>寄せる</u>
- C　身を<u>寄せる</u>
- D　しわを<u>寄せる</u>
- E　要望を<u>寄せる</u>

(4) <u>ただ</u>でさえ暑い

- A　<u>ただ</u>ひたすら
- B　<u>ただ</u>黙っている
- C　<u>ただ</u>では済まない
- D　<u>ただ</u>一人で行く
- E　<u>ただ</u>指示にしたがう

解　説

（1）あがる → 終わる と言い換え。

「できあがる」を別の言葉で言うと「完成する」「作り終わる」。そこで「あがる」を「終わる」と言い換えてみると、意味が通るのはＣだけ。

（2）地 → 場所 と言い換え。

設問の「地」は「特定の土地。場所」の意味。Ｄの「地の利」は慣用句で「有利な地理的条件」のこと。「特定の土地。場所」と通じる。

> 「Ａ　天地無用」は「破損する恐れがあるため、この荷物の上下を逆さまにするなという意」。荷物などの外側によく書かれる。

（3）寄せる → 知らせる と言い換え。

設問の「寄せる」は情報などを伝える（＝知らせる）という意味。「寄せる」を「知らせる」と言い換えると意味が通るのはＥだけ。

（4）ただ → 普通の状態 と言い換え。

設問は「ただでさえ」という連語で、「それでなくても」の意味。「普通の状態」と言い換えると意味が通るのはＣだけ。

正解 **（1）Ｃ　（2）Ｄ　（3）Ｅ　（4）Ｃ**

※言葉の定義は『大辞林第三版』（三省堂）から引用しました。

6 語句の用法（文法）

言語問題で最も難しい。時間をかけすぎない！

◎ 言い換えられるものは言い換える！

◎ 言い換えられない場合は、言葉の意味や前後の状態から判断する！

【例題】

（問）次の問いについて、下線部の語が最も近い意味に使われているものを、AからEの中から１つ選びなさい。

バスターミナルより発車します

A　花よりだんご

B　昨年より寒い

C　これより市内

D　駅よりの道を通る

E　君よりほかに頼めない

❈ カンタン解法 ❈

「語句の用法」の文法問題では、「より」「で」「の」などの格助詞と、「そうだ」「れる」などの助動詞が出題されることが多い。

言い換えられるものは言い換え、そうでないものは前後の状態を見て判断するとよい。

(問)「バスターミナルより発車します」

「より」を「から」で言い換えてみる。するとCの「これから市内」が最も近い。さらに「これから」を「ここから」に再度言い換えてみると、これが最適とわかる。

※「より」は格助詞。「発車する」という動作の起点が「バスターミナル」と考える。

●参考：格助詞「より」の用法

種類	用例	例題の選択肢
比較の基準を表す	・阿蘇山より高い山 ・考えていたよりもよいできばえ	A　花よりだんご B　昨年より寒い
一定の範囲を限定する意を表す	・彼の自宅は橋より手前にある ・6時より後にしよう	
ほかのものを否定し、それと限る意を表す	・あきらめるより仕方ない	E　君よりほかに頼めない
動作・作用の時間的・空間的起点を表す	・港より船出する ・1時より開園の予定	C　これより市内

> 選択肢の「D 駅よりの道を通る」は「駅寄り」の意味。格助詞の「より」ではない。

正解 C

各問いについて、下線部の語が最も近い意味に使われているものを、AからEの中から1つ選びなさい。

(1) 子供時代が思い出される

- A　皆に笑われる
- B　父に励まされる
- C　忙しくても行かれる
- D　合格通知が待たれる
- E　その川は歩いても渡れる

(2) 赤が青に変わる

- A　北海道に旅行する
- B　19時に閉店する
- C　学校へ実習に行く
- D　看護師になりたい
- E　驚きに声も出ない

(3) そこから先に進まない

- A　不注意から物を壊す
- B　宿題をしてから遊ぶ
- C　店は角から三軒目だ
- D　検査結果から診断する
- E　ボールが窓から飛び込んだ

(4) 二度と会うまい

- A　当人さえ知るまい
- B　子孫に同じ思いはさせまい
- C　知らないはずはあるまい
- D　そこまではとてもできまい
- E　楽観は許されまい

（1）**思い出される** → 助動詞「れる」の自発的用法

「思い出す」というのは自発的行為で、助動詞「れる」の自発的用法にあたる。同じく自発なのはＤだけ。

> 「れる」には「受身」「尊敬」「自発」「可能」の４つの用法がある。一度覚えれば、同じタイプの問題は簡単に得点できるので、暗記するとよい。

（2）に → **と** と言い換え。

格助詞「に」で、「変化の結果」を表す。「と」と言い換えると、意味が通じるのはＤだけ。

> 格助詞「に」には、このほかにも用法が多く、すべて覚えるのは難しい。この問題のように、なるべく言い換えで解くようにする。

（3）から → **の地点より** と言い換え。

問題は格助詞「から」で、ここでは「時間的・空間的な起点」を表す。「の地点より」と言い換えると、意味が通じるのはＣだけ。

> 格助詞「から」も「に」同様、用法が多い。これも言い換えが有効。

（4）まい → **ことはしない** と言い換え。

「まい」は助動詞。問題の「まい」は打ち消しの意志を表す。「会うまい」を「会うことはしない」と言い換え、選択肢に当てはめてみる。すると、意味が通じるのは「Ｂ　子孫に同じ思いをさせ（る）ことはしない」だけ。

> Ｂ以外の選択肢は、打ち消しの推量。「ないだろう」と言い換えられる。

正解 （1）Ｄ （2）Ｄ （3）Ｃ （4）Ｂ

これさえ覚えれば文法問題は完璧！

　以下はSPIで頻出の用法と、実物に即した例文を表にまとめたもの。この表を覚えておけば、「語句の用法」の文法問題は確実に得点できる。

品詞		種　類	用　例
格助詞	で	場所	家で準備をする／控え室で待つ
		時間	２時間で10キロ進む／三日で仕上げる
		手段・方法・道具・材料	問題集で勉強する／ケーキをチョコレートで飾る
		原因・理由・動機	健康診断で病院に行く／歯痛で休む
		事情・状況	みんなで暮らすと楽しい／全会一致で決定する
		動作・状態の主体	役員会で作成した草稿／自分で作った料理
	に	時間	作業の合間に休憩を取る／夕方に届く
		場所・範囲	海外に住む／実家にいる
		目標・対象	泳ぎに行く／頭痛に効きめのある薬
		原因	前祝いにワインをあける／赤点に落胆する
		帰着点・動作の及ぶ方向	会社に着く／向こうに届く
		動作・作用の源	先生に叱られる／母に渡される
		資格	おみやげに真珠を買う／ほうびに勲章をもらう
		変化の結果	教師になる／明日になる
		動作・状態の行われ方・あり方	前後にゆれる／カラカラに乾く
		否定に肯定を重ねる	言わずに終わる／無理せずに休む
	の	連体修飾語	彼の傘／父の形見
		主格・対象語格	彼の買った傘／父の建てた家
		体言に準ずる（のもの・のこと）	私のをお使いください／果物は甘いのがいい
		体言に準ずる（断定）	傘が折れたのです／ついに終わったのだ

品詞		種　類	用　例
格助詞	の	並列を示す	傘が気に入らない<u>の</u>、靴が汚れた<u>の</u>と文句が多い／渡す<u>の</u>渡さない<u>の</u>ともめる
	と	相手	父<u>と</u>デパートに出かけた／友達<u>と</u>旅行に出た
		引用・主張・考え	わんわん<u>と</u>泣く／きれいな人だ<u>と</u>思う
		結果	教師<u>と</u>なった／開業は来年<u>と</u>決定した
		比較	昔<u>と</u>変わらない／君<u>と</u>は思想が違う
接続助詞	つつ	動作・作用の継続	雨雲が遠ざかり<u>つつ</u>ある／雨から雪に変わり<u>つつ</u>ある
		同時に行われる複数の動作	コーヒーを飲み<u>つつ</u>新聞を読む／落胆し<u>つつ</u>片づけをした
		無関係・相反する2つの動作	欠陥商品と認識し<u>つつ</u>販売を続けた／無駄と知り<u>つつ</u>も依頼をする
助動詞	そうだ	性質・状態についての判断	このケーキもおいし<u>そうだ</u>／まったく楽しくなさ<u>そうだ</u>
		状態の変化についての判断	雷でも鳴り<u>そうだ</u>／すぐにも勝て<u>そうだ</u>
		予測	今日は暑くなり<u>そうだ</u>／これからも世話になり<u>そうだ</u>
		伝聞	遠方から来る<u>そうだ</u>／雪に埋もれている<u>そうだ</u>
	れる／られる	受身	母に持た<u>される</u>／家屋が解体<u>される</u>
		尊敬	お客様が休ま<u>れる</u>／会長が来<u>られる</u>
		自発	小さい頃が思い出<u>される</u>／若い頃がしのば<u>れる</u>
		可能	すぐにも行か<u>れる</u>距離だ／あなたならまかせ<u>られる</u>

©SPIノートの会

7 文の並べ換え（文節）

文章の最初と最後をヒントに解く

- ◉最初の空欄や最後の空欄に当てはまるものを探す
- ◉前後にくる内容が限定されているものを探す

【例題】

次の文について問いに答えなさい。

> きものは反物を［１］［２］［３］［４］［５］という特性がある。

（問）ＡからＥの語句を空欄［１］から［５］に入れて意味の通る文を完成させたとき、［2］に当てはまるのは次のうちどれか。

A　持ち運びにも便利

B　収納もしやすいうえ

C　作る衣服で

D　平らに畳むことができるため

E　直線的に裁断して

❈ カンタン解法 ❈

（問）文末の「という特性がある」にうまくつながるのはAの「持ち運びにも便利」。［5］に入るとして進める（？→？→？→？→A）。

冒頭をヒントに［1］を考える。

・B「収納もしやすいうえ」→文脈によってはありえない文ではないが、並列の「も」があるので適切なつながりとはいえない。

・C「作る衣服で」→文としてつながらない。

・D「平らに畳むことができるため」→反物を平らに畳む理由が「きもの」というのでは意味が通らない。

以上から、Eが［1］に入る（E→？→？→？→A）。

B、C、Dが［2］［3］［4］に入る。［1］の「裁断して」から、［2］にはCの「作る衣服で」が妥当（E→C→？→？→A）。

残りは［3］［4］。B→DでもD→Bでも文はつながるが、B→Dではきものが「収納もしやすい」理由が示されない。D→Bにすると、「収納もしやすいうえ」「持ち運びにも便利」の両方の理由が「平らに畳むことができるため」となり、適切（E→C→D→B→A）。問われているのは［2］なので、正解はC。

この文全体の正しい並び順は以下。
きものは反物を「E：直線的に裁断して」「C：作る衣服で」「D：平らに畳むことができるため」「B：収納もしやすいうえ」「A：持ち運びにも便利」という特性がある。

正解 **C**

3章 文の並べ換え（文節）

練習問題 ① 文の並べ換え（文節）

次の文について各問いに答えなさい。

日本の電報は［１］［２］［３］［４］［５］。それまでは急ぎの知らせ
も主として人力に頼るほかなかったのである。

---

(1) AからEの語句を空欄［１］から［５］に入れて意味の通る文を完成させた
とき、［４］に当てはまるのは次のうちどれか。

　A　北海道から九州まで

　B　東京と横浜の間で開始されたが

　C　広がるのには

　D　そこからさらに数年がかかった

　E　明治２年に

憲法では内閣総理大臣は［１］［２］［３］［４］［５］ない。

---

(2) AからEの語句を空欄［１］から［５］に入れて意味の通る文を完成させた
とき、［３］に当てはまるのは次のうちどれか。

　A　衆参両院の議員から

　B　実際には衆議院議員のみを

　C　参議院議員からの指名は一度も

　D　指名されることになっているが

　E　対象とする風潮のせいで

（1）［5］の後ろに句点（。）があることから、［5］には文末となる内容が入る。適切なのはD。

　　Dの前に入りそうな選択肢が複数あるので、A、B、C、Eの中でつながりを考える。Aの「北海道から九州まで」の後ろにつながるのはCの「広がるのには」だけ（A→C）。さらに、BとEはE→Bとつながるのが自然。Dの「そこからさらに数年がかかった」につながるのはA→C（?→?→A→C→D）で、残りのE→Bは［1］と［2］に入る（E→B→A→C→D）。［4］に入るのはC。

（2）文末の「ない」にCの「参議院議員からの指名は一度も」をつなげると、「一度も～ない」という慣用表現になる（?→?→?→?→C）。

　　A、B、D、Eを並べ換える。Aには「衆参両院の議員から」とあり、Dをつなげると「指名されることになっているが」と受ける形になる。意味も通る（A→D）。

　　BとEはB→EもE→Bもありそうなので、A→Dの位置を決める。文頭の「憲法では内閣総理大臣は」から、［1］にA、［2］にDを入れると適切。

　　残った［3］［4］にBとEが入ることになる。［2］に入るDの「指名されることになっているが」とつながりがよいのは「～となっているが実際には…」となるB。これを［3］に入れる。残りの［4］はEと決まる（A→D→B→E→C）。

　　［3］に入るのはB。

正解　（1）C　（2）B

8 文の並べ換え（文章）

キーワードに注意し、当たりをつける！

◎文章の「つなぎ」となるキーワードに注目する！

◎当たりをつけて検証すると早い！

【例題】

次のアからオの文について問いに答えなさい。

ア　彼の名前はスウェーデン語で「カギタバコを吸う男」という意味だ。

イ　スナフキンは、小説に登場する多くのキャラクターの中でも、とくに人気がある存在だからだ。

ウ　トーベ・ヤンソンの小説のキャラクター、スナフキンについて、私は前々から書きたいと思っていた。

エ　すると、スナフキンという名前は、実は小説に記されたとおりではないということがわかったのだ。

オ　書く内容は前から決めていた。名前についてである。実は、私はこれを書く際にトーベ・ヤンソンの小説について調べ物をした。

（問）アからオを意味が通るように並べ換えた場合、エの次にくる文章を選びなさい。

A　ア　　B　イ　　C　ウ　　D　オ　　E　エが最後の文章

✖ カンタン解法 ✖

（問）示された文からキーワードに注目して、当たりをつける。

ア	彼	名前	カギタバコを吸う男
イ	スナフキン	キャラクター	人気
ウ	キャラクター	スナフキン	書きたいと思っていた
エ	スナフキン	名前	小説に記されたとおりではない
オ	書く内容は決めていた	名前	これを書く際に調べ物をした

各文に「名前」「スナフキン」のどちらかが必ず入っている。テーマは「スナフキン」の「名前」に関することと想像できる。

エでは「名前」が「小説に記されたとおりではない」とある。

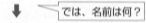
では、名前は何？

答えになりそうなのはア。「彼」の「名前」は「カギタバコを吸う男」。

これで合っているか？

ア以外の選択肢をエにつなげて、検証する。ア以外はすべて、エに続けても意味がつながらない。

全部の選択肢を読み解き、並べ換えていては時間が足りない。

キーワードに注目することでテーマが見えてくるので、それをもとに当たりをつける。

なお、この文全体の正しい並び順はウ→イ→オ→エ→ア。

正解 A

練習問題 ① 文の並べ換え（文章）

次のアからオの文について問いに答えなさい。

ア 「千」と関係がある理由は、古代ローマで使用されていた単位「パッスス」に
　　ある。1パッススは一歩分の長さで、1000パッススが1マイルに相当する。

イ 現代と古代ローマとで1マイルの長さはイコールではないものの、一歩の長さ
　　が1メートル半以上というのは、長すぎるように思える。

ウ マイルの語源は、ラテン語の「千」にあるといわれている。

エ では、古代ローマ人の一歩の長さはどれくらいだったのだろうか。現在の基準
　　で計算すると、1パッススは1メートル半以上もある。

オ これは、一歩の定義が違うからだ。当時の「一歩」は、片方の足を踏み出して
　　からもう一度その足を踏み出すまでのことを指していた。

（1）アからオを意味が通るように並べ換えた場合、イの次にくる文章を選びなさ
　　い。
　　A ア　　　B ウ　　　C エ　　　D オ　　　E イが最後の文章

（2）同じく、オの次にくる文章を選びなさい。
　　A ア　　　B イ　　　C ウ　　　D エ　　　E オが最後の文章

（1）示された文章をざっと読み、キーワードに注目する。

ア　　千　　パッスス　　一歩分の長さ　　　1000パッススが1マイル

イ　　現代　　古代ローマ　　一歩の長さ　　長すぎる

ウ　　マイル　　ラテン語　　千

エ　　古代ローマ人　　一歩の長さ　　　1パッススは1メートル半以上

オ　　一歩の定義が違う

イの「一歩の長さ」「長すぎる」に着目する。

関係がありそうなのはオの「一歩の定義が違う」。そこでイとオをつなげてみる。

「～一歩の長さが1メートル半以上というのは、長すぎるように思える。これは、一歩の定義が違うからだ」となる。オがイの「一歩の長さ（が）長すぎる」ことの理由を示す文章であることがわかる。

（2）イ→オであることは判明しているので、Bは除いて考える。

オ「一歩の定義が違う」に続きそうな文章がないか探してみる。しかし、「一歩の定義」を受け、次に展開している文章は選択肢にない。

> ア→パッススの説明。「一歩の定義」とは関係ない。
>
> ウ→マイルの語源。これも「一歩の定義」とは関係ない。
>
> エ→「1メートル半以上」がイと共通。この後ろにはイがくると想像できる。イ→オなので、これがオの次にくることはない。
>
> 全体の正しい並び順はウ→ア→エ→イ→オ。

正解 （1）**D** （2）**E**

9 空欄補充

ヒントとなる言葉や表現を適切に読み取る

● 文中の空欄にふさわしい選択肢を選ぶ

● 空欄の前後から見ていくこと

【例題】

（問）次の問いについて、文中の空欄に入る最も適切な表現をAからEの中から1つ選びなさい。

私たちの身近にある電化製品などは、それが普及するにつれ、外観が改良されていく傾向がある。機能を売りにしていた商品が、だんだんと［　　　］になっていくのだ。

    A　高齢者向け

    B　低価格

    C　デザイン重視

    D　多機能

    E　説明が丁寧

⊗ カンタン解法 ⊗

空欄を含む文の前後で書かれていることをヒントにして、空欄の内容を推測する。

●空欄の前の文

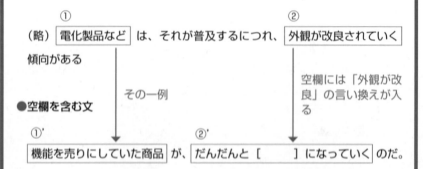

①
（略） 電化製品など は、それが普及するにつれ、②外観が改良されていく 傾向がある

その一例

空欄には「外観が改良」の言い換えが入る

●空欄を含む文

①'
機能を売りにしていた商品 が、②'だんだんと [　　　] になっていく のだ。

空欄には、前の文の「外観が改良されていく」を言い換えた内容が入る。
選択肢のうち、「外観が改良されていく」に最も近いものは「C　デザイン重視」。

正解 **C**

練習問題 ① 空欄補充

各問いについて、文中の空欄に入る最も適切な表現をAからEの中から1つ選びなさい。

(1)

決まった型を崩して着ることによって、ほかの人とは違う自分らしさや「粋」を表現することを「着崩す」というが、現在の中学生や高校生の制服の着崩し方は、規則に従っているかのように［　　　］だ。

- A　個性的
- B　抽象的
- C　非現実的
- D　画一的
- E　反抗的

(2)

かつては家族が高齢者の世話をするものとされていたが、少子高齢化と核家族化の進行によって、それがままならないケースが増えている。つまり高齢者は経済的、精神的なだけでなく、身体的にも家族から独り立ちしていることが求められており、［　　　］が進んでいる。

- A　急速な高齢化
- B　家族からの切り離し
- C　社会からの切り離し
- D　家族への依存
- E　急速な少子化

216

❀ 解 説 ❀

（1）空欄の前にある例え「規則に従っているかのように」から推測する。適切な表現は「画一的」。

その他の選択肢は、いずれも「規則に従っているかのように」という例えに当てはまらない。

（2）2文で構成されていて、2文目が「つまり」で始まっている。ここから、2文目は1文目の言い換えが入ると推測できる。

●最初の文

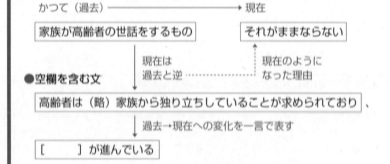

この文では、高齢者が独り立ちを求められる原因として家族の世話がままならないことが述べられている。その状態を末尾で一言で表すので、「家族」というキーワードが入っている選択肢が適切。「B　家族からの切り離し」と「D　家族への依存」のうち、適切なのはB。

※Dは「依存」が「独り立ち」とは反対の意味なので間違い。

正解 **（1）D　（2）B**

⑩ 長文読解（空欄補充）

空欄の前後に絞って、長文をよく読む

◎ 接続語を選ぶ設問では、空欄をはさんだ前後の文の関係をつかむ。

◎ 名詞・熟語などの補充は、空欄前後の文からキーワードを抜き出し、つなげて読み取ろう！

【例題１】

次の文を読んで、問いに答えなさい。

> 人間は、昔から「はずむ」という現象に、強い興味や関心を示してきた。 ⬛ 1 ⬛ ボール遊びやマリ遊びのたぐいは、そのひとつのあらわれである。あるいは、石をはずませる遊びもある。なるべく平たい石を選んで、水面に向かって横手から投げると、石はぴょんぴょんと水面上をはずみながら飛んでゆく。子供のころ、仲間たちと、あるいはひとりで、この遊びに熱中した記憶をもたない人は少ないだろう。ふしぎに子供心をひきつける遊びのひとつである。
>
> この遊びのおもしろさは、本来水に沈むはずの石が、勢いにのって ⬛ 2 ⬛ な物理原則をこえて「はずむ」ところにある。この勢いを示すために、はずむ（弾む）はときに「勢む」とも書かれる。
>
> （『動詞人間学』井上俊／講談社）

（問） ⬛ 1 ⬛ に当てはまる言葉を選びなさい。

    A　あるいは　　　B　たとえば　　　C　そのため

    D　しかし　　　　E　だから

※実際の長文は、ここで示したものの３倍程度の分量があります。ここでは、空欄補充の設問に関連する部分だけを示してあります。

❈ カンタン解法 ❈

SPIで頻出の、接続語を選ぶタイプの設問。このタイプの設問は、空欄をはさんだ前後の文を読み、文の関係をつかむことが大切。

まずは、空欄の前の文章を読み、キーワードを明確にする。ペーパーテストの場合は該当箇所に印を付けたり、不要な箇所に取り消し線を引くとよい。

※テストセンターでは、キーワードになりそうな言葉をメモ用紙に抜き書きするとよい。

●空欄の前

> 人間は、昔から「はずむ」という現象に、強い興味や関心を示してきた。

「『はずむ』という現象への強い興味と関心」 → 漠然としている

●空欄の後

> ボール遊びやマリ遊びのたぐいは、そのひとつのあらわれである。

「ボール遊びやマリ遊び」 → 具体的な内容

空欄の前の文章が「『はずむ』という現象」と、やや抽象的であること。また、空欄の後の文章に、「ボール遊び」「マリ遊び」と具体的な名前が登場していることに注目する。

空欄の後の文章は、空欄の前で述べたことの具体的な例示とわかる。選択肢のうち、例示のはたらきを持つ接続語は「B たとえば」だけ。

正解 **B**

【例題2】

次の長文は、【例題1】と同じ長文である。【例題1】で解いた内容を参考にして、もう1問、違うタイプの例題に取り組んでみよう。

> 人間は、昔から「はずむ」という現象に、強い興味や関心を示してきた。　1
> ボール遊びやマリ遊びのたぐいは、そのひとつのあらわれである。あるいは、石をはずませる遊びもある。なるべく平たい石を選んで、水面に向かって横手から投げると、石はぴょんぴょんと水面上をはずみながら飛んでゆく。子供のころ、仲間たちと、あるいはひとりで、この遊びに熱中した記憶をもたない人は少ないだろう。ふしぎに子供心をひきつける遊びのひとつである。
>
> この遊びのおもしろさは、本来水に沈むはずの石が、勢いにのって　2　な物理原則をこえて「はずむ」ところにある。この勢いを示すために、はずむ（弾む）はときに「勢む」とも書かれる。
>
> 　　　　　　　　　　　　　　　　　　　（『動詞人間学』井上俊／講談社）

（問）　2　に当てはまる言葉を選びなさい。

A　哲学的　　　B　奇跡的　　　C　個人的

D　常識的　　　E　物理的

名詞や熟語を補充するタイプの空欄問題は、必ず空欄の前後に、答えにつながる言葉が入っている。

まずは、空欄を含む文章からキーワードを抜き出してみる。その際、不要と思う言葉に取り消し線を引くなどすると、整理しやすくなる。

> ~~この遊びのおもしろさは、~~本来水に沈むはずの石が、~~勢いにのって~~
> [2] な物理原則をこえて「はずむ」~~ところにある。~~

「水に沈むはずの石」という表現に注意する。これは、「石を水面に投げれば、石は沈むはず」という考えからきていると考えられる。この考え方には、選択肢のうちどの表現が当てはまるか考えると、答えが出る。

- ✕　A　哲学的→「石が水に沈む」という考えは哲学的なものではない。
- ✕　B　奇跡的→「石が水に沈む」という考えは奇跡的なものではない。
- ✕　C　個人的→「石が水に沈む」という考えは個人的なものではない。
- ◯　D　常識的→「石が水に沈む」というのは、多くの人が考える、いわば常識的な考え。
- ✕　E　物理的→「石が水に沈む」という考えは物理的ともいえるが、「物理的な物理原則」という、あきらかに不自然な文章になることから、間違いとわかる。

正解　D

練習問題 ① 長文読解（空欄補充）

次の文を読んで、問いに答えなさい。

> 　自動車と鉄道の一番大きな違いは何だろう。鉄道はレールの上を走り、自動車は道路を走る。それは確かに自動車と鉄道の本質的な違いである。しかし、文化的にいえば更に大きな違いがある。それは多くの人びとにとって鉄道はただ客として乗る乗り物に過ぎないが、自動車はそれを自分で運転し、自分のコントロールの下におくということである。彼は自動車に対してお客様ではない、自分の車の主人である。車は彼の足となって自分で走るよりはるかに速く、はるかに長い距離を楽に走ることができる。　　1　　、人間は自動車によって自己を拡大することができるのである。この感覚は鉄道の客として乗っている時にはけっして味わえない感覚である。
>
> 　鉄道ができても都市は本質的には変わらなかったが、自動車が普及して都市はその構造を一変させた。鉄道は都市をつなぎ、都市の中心部からはなれた地域にも多くの新しい都市を誕生させたが、都市は駅を中心として発達し、人びとの生活は依然として徒歩圏を前提にして維持されてきた。しかし、自動車が個人の移動手段として普及すると、生活圏の空間的な構造は一変する。人びとは広い地域に分散して住み、車に依存して生活をするようになる。日本ではまだいく分中途半端で、車のない人でも生活できる所が多いが、アメリカの郊外住宅地では車がなければ、まず一日たりとも生活できないだろう。そして日本でも地方都市から次第にそれに近づいている。多くの人びとが技術を身近に感じ、自分のコントロールの下におくということがいかに重大なことかがよくわかる。
>
> 　もちろん私は今、　　2　　は醜く非文化的で、　　3　　は文化的な交通機関だなどと言うつもりはない。また自動車がもたらした都市の変化が好ましいと言っているわけでもない。逆に自動車は都市からヒューマン・スケールを奪いとり、都市に騒音や排気ガスを持ち込んだ最大の元凶である。自動車は都市を解体してしまったと言う人すらある。だが人びとの感覚からすれば、汽車よりも自動車のほうがずっと身近で、日常の道具として使いこなしていることは間違いない。それは生活の中の異物としての機械ではなく、生活の一部となっている。そうでなければ人びとが自動車の色や形にこれほど関心をもつはずはない。

（『先端技術と文化の変容』加藤迪／日本放送出版協会）

(1) 　　1　　に当てはまる言葉を選びなさい。

　　A　つまり　　　　B　ところが　　　　C　あるいは

　　D　ただし　　　　E　そのうえ

(2) 本文中の空欄　　2　　　　3　　に入れる言葉の組み合わせとして最も適切なものはどれか選びなさい。

2	3		2	3
A　都市	自動車	B	自動車	鉄道
C　徒歩	鉄道	D	都市	鉄道
E　鉄道	自動車			

（1）空欄の前後の文章から、キーワードになりそうな言葉を比べてみる。

●空欄の前 「車は彼の足となって」「速く」「長い距離」を「走ることができる」

　　　　　　　　　　　　　　　　　　　　　　⬇ 　どういうこと？

●空欄の後 「人間は自動車によって自己を拡大することができる」

空欄の後の文章は、空欄の前の文章の言い換えになっている。また、言い換えたことで、空欄の後ろの文章は空欄の前を補足する役目を果たしている。2つの文をつなぐ接続語は、補足や例示の働きを持つ「A　つまり」。

（2）　　3　　の後ろに「文化的な交通機関」とある。そこで、本文中に登場する交通機関「鉄道」「自動車」の対比について整理してみる。

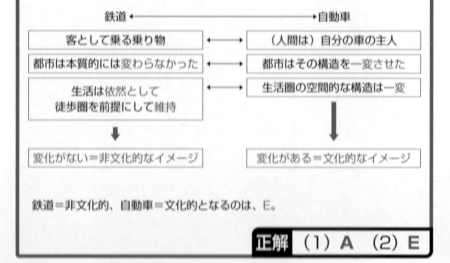

鉄道＝非文化的、自動車＝文化的となるのは、E。

正解　（1）A　（2）E

空欄補充で頻出の接続語一覧

長文読解の空欄補充のうち、接続語を選択する設問は、SPIでは少なくとも1問は出題される。

接続語は無限にあるわけではなく、よく使われるものの数は限られている。

以下は一般的な接続語のうち、SPIで頻出の言葉を一覧にしたもの。丸暗記してしまえば得点アップに結びつく。ぜひ何度か目を通して欲しい。

接続語一覧

種類	接続語
順接 前の文を受けて、文が続く。	だから・したがって・ゆえに・それゆえ・する と・そうすると・ですから
逆接 前の文を否定する文が続く。	しかし・だが・けれども・ところが・だけど・ しかしながら・それなのに・それでも
並立・添加 前の文と同じ関係の文が続く。 前の文に付け加える。	また・なお・さらに・および・そして・ そうして・しかも・おまけに・そのうえ
説明・補足・例示 前の文を説明する。	つまり・なぜならば・すなわち・たとえば・ もっとも・ただし
対比 前の文と違うものを比べる関係。 逆接との違いは否定していないこと。	あるいは・または・もしくは・それとも
話題転換 違う話題に移る。	さて・では・ところで・ときに

（SPIノートの会調べ）

⑪ 長文読解（指示語）

下線部を含む文章と、その前後で探す！

● 下線部を含む文章を読み、選択肢から当たりをつける！

● 下線部を含む文章だけではわからない場合は、前後の文章に範囲を広げて読み解く！

【例題】

次の文を読んで、問いに答えなさい。

　人間は、昔から「はずむ」という現象に、強い興味や関心を示してきた。　　1　　ボール遊びやマリ遊びのたぐいは、そのひとつのあらわれである。あるいは、石をはずませる遊びもある。なるべく平たい石を選んで、水面に向かって横手から投げると、石はぴょんぴょんと水面上をはずみながら飛んでゆく。子供のころ、仲間たちと、あるいはひとりで、この遊びに熱中した記憶をもたない人は少ないだろう。ふしぎに子供心をひきつける遊びのひとつである。

　この遊びのおもしろさは、本来水に沈むはずの石が、勢いにのって　　2　　な物理原則をこえて「はずむ」ところにある。この勢いを示すために、はずむ（弾む）はときに「勢む」とも書かれる。

（『動詞人間学』井上俊／講談社）

※「長文読解（空欄補充・主旨）」の例題（P218・220・234）と同じ長文です。

（問）本文中の下線部この遊びとは何か選びなさい。

　　A　ボール遊びやマリ遊び

　　B　石をはずませる遊び

　　C　水遊び

　　D　子供心をひきつける遊び

　　E　強い興味や関心を示す遊び

❈ カンタン解法 ❈

「この」「それ」などの指示語で言い換えられた内容が、何を指すのかを選ぶ設問。

まず、下線部を含む文章のキーワードを見つけ、主旨をつかむ。

> この遊び~~のおもしろさ~~は、~~本来~~水に沈むはずの石が、勢いにのって
> 　　2　　な物理原則~~をこえて~~「はずむ」~~ところにある~~。

「水に沈むはずの石が勢いにのって『はずむ』」→「この遊び」

次に、把握した主旨と同じ内容が選択肢にあるかどうか探す。

- ×　A　ボール遊びやマリ遊び
- ○　B　石をはずませる遊び
- ×　C　水遊び
- ×　D　子供心をひきつける遊び
- ×　E　強い興味や関心を示す遊び

正解　B

練習問題 ① 長文読解（指示語）

次の文を読んで、問いに答えなさい。

　自動車と鉄道の一番大きな違いは何だろう。鉄道はレールの上を走り、自動車は道路を走る。それは確かに自動車と鉄道の本質的な違いである。しかし、文化的にいえば更に大きな違いがある。それは多くの人びとにとって鉄道はただ客として乗る乗り物に過ぎないが、自動車はそれを自分で運転し、自分のコントロールの下におくということである。彼は自動車に対してお客様ではない、自分の車の主人である。車は彼の足となって自分で走るよりはるかに速く、はるかに長い距離を楽に走ることができる。　　1　　、人間は自動車によって自己を拡大することができるのである。この感覚は鉄道の客として乗っている時にはけっして味わえない感覚である。

　鉄道ができても都市は本質的には変わらなかったが、自動車が普及して都市はその構造を一変させた。鉄道は都市をつなぎ、都市の中心部からはなれた地域にも多くの新しい都市を誕生させたが、都市は駅を中心として発達し、人びとの生活は依然として徒歩圏を前提にして維持されてきた。しかし、自動車が個人の移動手段として普及すると、生活圏の空間的な構造は一変する。人びとは広い地域に分散して住み、車に依存して生活をするようになる。日本ではまだいく分中途半端で、車のない人でも生活できる所が多いが、アメリカの郊外住宅地では車がなければ、まず一日たりとも生活できないだろう。そして日本でも地方都市から次第にそれに近づいている。多くの人びとが技術を身近に感じ、自分のコントロールの下におくということがいかに重大なことかがよくわかる。

　もちろん私は今、　　2　　は醜く非文化的で、　　3　　は文化的な交通機関だなどと言うつもりはない。また自動車がもたらした都市の変化が好ましいと言っているわけでもない。逆に自動車は都市からヒューマン・スケールを奪いとり、都市に騒音と排気ガスを持ち込んだ最大の元凶である。自動車は都市を解体してしまったと言う人すらある。だが人びとの感覚からすれば、汽車よりも自動車のほうがずっと身近で、日常の道具として使いこなしていることは間違いない。それは生活の中の異物としての機械ではなく、生活の一部となっている。そうでなければ人びとが自動車の色や形にこれほど関心をもつはずはない。

（『先端技術と文化の変容』加藤迪／日本放送出版協会）

※「長文読解（空欄補充・内容合致・主旨）」の練習問題（P222・232・236）と同じ長文です。

（問）本文中の下線部<u>それ</u>の指す内容として最も適切なものを選びなさい。

A 日常の道具　　　B 鉄道

C 自動車　　　　　D 交通機関

E 都市の変化

❈ 解　説 ❈

指示語の設問では、必ずしも本文全体を読解する必要はない。この設問もそうで、下線部のある文章と、その前後の1～2文で答えはわかる。

まず、下線部を含む文章で「それ」は何と言っているか見る。

「生活の中の異物としての機械ではなく、生活の一部」

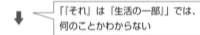

「『それ』は『生活の一部』」では、何のことかわからない

そこで、ヒントになる内容はないか、下線部の前後の文を見る。

●下線部の前

「だが人びとの感覚からすれば、汽車よりも自動車のほうがずっと身近で（略）」

●下線部の後

「そうでなければ人びとが自動車の色や形にこれほど関心をもつはずはない」

これで、下線部が指す内容は自動車に関することだとわかった。

選択肢のうち、自動車に関するものは「C　自動車」だけ。

正解 **C**

12 長文読解（内容合致）

選択肢からキーワードを決め、本文を探す！

◎全部の選択肢を検証する！

◎キーワードが入っている箇所に絞って探すと効率的！

【例題】

次の文を読んで、問いに答えなさい。

　勢いにのったものは、どこにどう動いてゆくかわからない。「もののはずみ」で、どうにでもなる。そういう偶然性の感覚が、「はずむ」という言葉には含まれている。また、勢いの強いものはわたしたちにとって統制のむずかしいものでもある。「声がはずむ」とか「心がはずむ」といった表現の背後には、押さえようとしても押さえきれない（つまり統制困難な）うれしさや期待のエネルギーがひそんでいる。

　「チップをはずむ」などという場合の「はずむ」は、もうすこし複雑だ。たしかに「もののはずみで……」といったニュアンスも含まれているが、同時にそれは、社会的な慣例に反し、常識的な水準をこえていることの表現でもある。さらには、受けとる側が期待以上のものをもらって、うれしい意外性に心をはずませる、その心のはずみを、与える側も多かれ少なかれ共有するという含みもあるのかもしれない。

　いずれにせよ、「はずむ」という動詞は、しばしば常識的な物理法則や社会慣行にしたがわない現象、それゆえ予測や計量や統制の困難な現象に関係している。そこには、個性と自由と偶然性の感触がある。それは、物質や機械に対比される「生命」の感触である。

　「はずむ」とは、生命の躍動の象徴だ。人類が古くから「はずむ」という現象に強い興味と執着を示してきたのも、理由のないことではない。だが、近代の合理主義思想が浸透し、機械文明が発展するにつれて、「生命」とその躍動のための余地はせばめられ、「はずむ」ことの価値も、しだいに低下してきたように思われる。そういえば、「心がはずむ」などという言いかたも、近ごろではあまり耳にしなくなった。総体に、「はずむ」ことの少ない時代になってきた。

　こうした歩みは、過剰な生命力が「軽はずみ」しないように、人類がそれを賢明に規制してきた歴史を示しているのだろうか。それとも、生命エネルギーがしだいに窒息させられ、滅亡に向かって進みつつある姿なのだろうか。

（『動詞人間学』井上俊／講談社）

※「長文読解（空欄補充・指示語）」の例題（P218・220・226）の続きです。

（問）本文中に述べられていることと合致するものを選びなさい。

　　ア　「はずむ」という動詞は予測困難な現象を意味する

　　イ　近代の合理主義思想が浸透しても、個性と自由と偶然性の感触には影響はなかった

　　ウ　「チップをはずむ」の「はずむ」には、複数のニュアンスが含まれている

A　アだけ　　B　イだけ　　C　ウだけ　　D　アとイ　　E　アとウ　　F　イとウ

❈ カンタン解法 ❈

全部の選択肢についてキーワードを決め、本文中に該当する箇所があるかどうか探す。

● ア　選択肢の内容と一致する文がある。　→　○合致する

> いずれにせよ、「はずむ」という動詞は、しばしば常識的な物理法則や社会慣行にしたがわない現象、それゆえ予測や計量や統制の困難な現象に関係している。

● イ　選択肢の内容と一致しない。　→　×合致しない

> そこには、個性と自由と偶然性の感触がある。それは（略）「生命」の感触である。

> 近代の合理主義思想が浸透し、機械文明が発展するにつれて、「生命」とその躍動のための余地はせばめられ、

※個性と自由と偶然性の感触＝「生命」の感触。そして、「生命」は近代の合理主義思想が浸透して余地がせばめられたと述べられている。

● ウ　3つの「含み」（＝ニュアンス）がある。　→　○合致する

> 「チップをはずむ」などという場合の「はずむ」は、もうすこし複雑だ。たしかに①「もののはずみで……」といったニュアンスも含まれているが、②同時にそれは、社会的な慣例に反し、常識的な水準をこえていることの表現でもある。さらには、③受けとる側が期待以上のものをもらって、うれしい意外性に心をはずませる、その心のはずみを、与える側も多かれ少なかれ共有するという含みもあるのかもしれない。

正解　E

次の文を読んで、問いに答えなさい。

　　自動車と鉄道の一番大きな違いは何だろう。鉄道はレールの上を走り、自動車は道路を走る。それは確かに自動車と鉄道の本質的な違いである。しかし、文化的にいえば更に大きな違いがある。それは多くの人びとにとって鉄道はただ客として乗る乗り物に過ぎないが、自動車はそれを自分で運転し、自分のコントロールの下におくということである。彼は自動車に対してお客様ではない、自分の車の主人である。車は彼の足となって自分で走るよりはるかに速く、はるかに長い距離を楽に走ることができる。　　1　　、人間は自動車によって自己を拡大することができるのである。この感覚は鉄道の客として乗っている時にはけっして味わえない感覚である。

　　鉄道ができても都市は本質的には変わらなかったが、自動車が普及して都市はその構造を一変させた。鉄道は都市をつなぎ、都市の中心部からはなれた地域にも多くの新しい都市を誕生させたが、都市は駅を中心として発達し、人びとの生活は依然として徒歩圏を前提にして維持されてきた。しかし、自動車が個人の移動手段として普及すると、生活圏の空間的な構造は一変する。人びとは広い地域に分散して住み、車に依存して生活をするようになる。日本ではまだいく分中途半端で、車のない人でも生活できる所が多いが、アメリカの郊外住宅地では車がなければ、まず一日たりとも生活できないだろう。そして日本でも地方都市から次第にそれに近づいている。多くの人びとが技術を身近に感じ、自分のコントロールの下におくということがいかに重大なことかがよくわかる。

　　もちろん私は今、　　2　　は醜く非文化的で、　　3　　は文化的な交通機関などと言うつもりはない。また自動車がもたらした都市の変化が好ましいと言っているわけでもない。逆に自動車は都市からヒューマン・スケールを奪いとり、都市に騒音と排気ガスを持ち込んだ最大の元凶である。自動車は都市を解体してしまったと言う人すらある。だが人びとの感覚からすれば、汽車よりも自動車のほうがずっと身近で、日常の道具として使いこなしていることは間違いない。それは生活の中の異物としての機械ではなく、生活の一部となっている。そうでなければ人びとが自動車の色や形にこれほど関心をもつはずはない。

（『先端技術と文化の変容』加藤汕／日本放送出版協会）

※「長文読解（空欄補充・指示語・主旨）」の練習問題（P222・228・236）と同じ長文です。

(問) 鉄道について本文中に述べられていることと合致するものを選びなさい。

　　ア　新しい都市の誕生に関係した

　　イ　都市を衰退させた

　　ウ　都市の解体の原因となった

A　アだけ　B　イだけ　C　ウだけ　D　アとイ　E　アとウ　F　イとウ

❀ 解 説 ❀

それぞれの選択肢について、合致する内容が本文にあるかどうか探す。

●ア　選択肢の内容と一致する文がある。　→　○合致する

> 鉄道は都市をつなぎ、都市の中心部からはなれた地域にも多くの新しい都
> 市を誕生させたが、

●イ　「鉄道ができても都市は本質的には変わらなかった」と明記されている。
　　→　×合致しない

> 鉄道ができても都市は本質的には変わらなかったが、自動車が普及して都
> 市はその構造を一変させた。

●ウ　都市の解体の原因といえるのは自動車。鉄道が都市の解体に関係したと
　　いえる記述はない。→　×合致しない

> 自動車は都市を解体してしまったと言う人すらある。

正解　**A**

13 長文読解（主旨）

選択肢を絞り込んでから判断する！

◉ 本文に書いてあることかどうかで選択肢を絞り込む！

◉ 本文と内容が一致しても、主旨とは限らないことに注意！

【例題】

次の文を読んで、問いに答えなさい。

　　人間は、昔から「はずむ」という現象に、強い興味や関心を示してきた。　　1　　ボール遊びやマリ遊びのたぐいは、そのひとつのあらわれである。あるいは、石をはずませる遊びもある。なるべく平たい石を選んで、水面に向かって横手から投げると、石はぴょんぴょんと水面上をはずみながら飛んでゆく。子供のころ、仲間たちと、あるいはひとりで、この遊びに熱中した記憶をもたない人は少ないだろう。ふしぎに子供心をひきつける遊びのひとつである。

　　この遊びのおもしろさは、本来水に沈むはずの石が、勢いにのって　　2　　な物理原則をこえて「はずむ」ところにある。この勢いを示すために、はずむ（弾む）はときに「勢む」とも書かれる。

　　勢いにのったものは、どこにどう動いてゆくかわからない。「もののはずみ」で、どうにでもなる。そういう偶然性の感覚が、「はずむ」という言葉には含まれている。また、勢いの強いものはわたしたちにとって統制のむずかしいものでもある。「声がはずむ」とか「心がはずむ」といった表現の背後には、押さえようとしても押さえきれない（つまり統制困難な）うれしさや期待のエネルギーがひそんでいる。

　　「チップをはずむ」などという場合の「はずむ」は、もうすこし複雑だ。たしかに「もののはずみで……」といったニュアンスも含まれているが、同時にそれは、社会的な慣例に反し、常識的な水準をこえていることの表現でもある。さらには、受けとる側が期待以上のものをもらって、うれしい意外性に心をはずませる、その心のはずみを、与える側も多かれ少なかれ共有するという含みもあるのかもしれない。

　　いずれにせよ、「はずむ」という動詞は、しばしば常識的な物理法則や社会慣行にしたがわない現象、それゆえ予測や計量や統制の困難な現象に関係している。そこには、個性と自由と偶然性の感触がある。それは、物質や機械に対比される「生命」の感触である。

　　「はずむ」とは、生命の躍動の象徴だ。人類が古くから「はずむ」という現象に強い興味と執

着を示してきたのも、理由のないことではない。だが、近代の合理主義思想が浸透し、機械文明が発展するにつれて、「生命」とその躍動のための余地はせばめられ、「はずむ」ことの価値も、しだいに低下してきたように思われる。そういえば、「心がはずむ」などという言いかたも、近ごろではあまり耳にしなくなった。総体に、「はずむ」ことの少ない時代になってきた。

　こうした歩みは、過剰な生命力が「軽はずみ」しないように、人類がそれを賢明に規制してきた歴史を示しているのだろうか。それとも、生命エネルギーがしだいに窒息させられ、滅亡に向かって進みつつある姿なのだろうか。

（『動詞人間学』井上俊／講談社）

※「長文読解（空欄補充・指示語・内容合致）」の例題（P218・220・226・230）の全文です。

（問）本文の主旨として適切なものを選びなさい。

A　「軽はずみ」を規制することによって人類は進歩してきた

B　子供のころに偶然性の感覚を養うのが理想的である

C　石をはずませる遊びのおもしろさは統制の困難さにあるのかもしれない

D　近代の合理主義思想の問題は、偶然性を否定していることである

E　生命の躍動の象徴である「はずむ」の価値は低下しつつあるようだ

❈ カンタン解法 ❈

主旨とは、「作者が一番いいたいこと」。つまり、選択肢の内容が本文で書かれていることと一致したとしても、主旨とは限らないことに注意する。

（問）本文に書かれているかどうかで絞り込み、主旨かどうか判断

● 本文に書かれているものは？　→　C、E

　※A、B、Dが該当しない理由

　A　→　「人類の進歩」については述べられていない

　B　→　「偶然性の感覚を養う」ことについて述べられていない

　D　→　「近代の合理主義思想」の是非については述べられていない

● 絞り込んだ選択肢のどちらが主旨としてふさわしいか？　→　E

　C　→　石をはずませる遊びは「はずむ」の概念を説明するための例示

　E　→　本文の後半全体で、このことについて述べられている

正解　E

練習問題 ① 長文読解（主旨）

次の文を読んで、問いに答えなさい。

　自動車と鉄道の一番大きな違いは何だろう。鉄道はレールの上を走り、自動車は道路を走る。それは確かに自動車と鉄道の本質的な違いである。しかし、文化的にいえば更に大きな違いがある。それは多くの人びとにとって鉄道はただ客として乗る乗り物に過ぎないが、自動車はそれを自分で運転し、自分のコントロールの下におくということである。彼は自動車に対してお客様ではない、自分の車の主人である。車は彼の足となって自分で走るよりはるかに速く、はるかに長い距離を楽に走ることができる。　　1　　、人間は自動車によって自己を拡大することができるのである。この感覚は鉄道の客として乗っている時にはけっして味わえない感覚である。

　鉄道ができても都市は本質的には変わらなかったが、自動車が普及して都市はその構造を一変させた。鉄道は都市をつなぎ、都市の中心部からはなれた地域にも多くの新しい都市を誕生させたが、都市は駅を中心として発達し、人びとの生活は依然として徒歩圏を前提にして維持されてきた。しかし、自動車が個人の移動手段として普及すると、生活圏の空間的な構造は一変する。人びとは広い地域に分散して住み、車に依存して生活をするようになる。日本ではまだいく分中途半端で、車のない人でも生活できる所が多いが、アメリカの郊外住宅地では車がなければ、まず一日たりとも生活できないだろう。そして日本でも地方都市から次第にそれに近づいている。多くの人びとが技術を身近に感じ、自分のコントロールの下におくということがいかに重大なことかがよくわかる。

　もちろん私は今、　　2　　は醜く非文化的で、　　3　　は文化的な交通機関だなどと言うつもりはない。また自動車がもたらした都市の変化が好ましいと言っているわけでもない。逆に自動車は都市からヒューマン・スケールを奪いとり、都市に騒音と排気ガスを持ち込んだ最大の元凶である。自動車は都市を解体してしまったと言う人すらある。だが人びとの感覚からすれば、汽車よりも自動車のほうがずっと身近で、日常の道具として使いこなしていることは間違いない。それは生活の中の異物としての機械ではなく、生活の一部となっている。そうでなければ人びとが自動車の色や形にこれほど関心をもつはずはない。

（『先端技術と文化の変容』加藤迪／日本放送出版協会）

※「長文読解（空欄補充・指示語・内容合致）」の練習問題（P222・228・232）と同じ長文です。

（問）本文の主旨として適切なものを選びなさい。

　　A　技術を自分のコントロールの下に置くことは重要である

　　B　自動車に依存した生活は好ましくない

　　C　自動車は都市の誕生と発展に不可欠な存在だった

　　D　日本では、生活は徒歩圏を前提にして維持されるべきである

　　E　自動車は都市に公害を持ち込んだ元凶である

解説

本文に書かれているかどうかで絞り込み、主旨かどうか判断する。

● **本文に書かれていないもの** → B、C、D

　B→「人びとは広い地域に分散して住み、車に依存して生活をするようになる」とあるが、それが好ましいかどうかは述べられていない

　C→「自動車が普及して都市はその構造を一変させた」とあるが、自動車が都市の誕生に関わったという記述はない

　D→「日本では（略）車のない人でも生活できる所が多い」とあるが、その状況を維持すべきかどうかという記述はない

● **書かれている内容が、主旨といえるかどうか判断する。**

本文全体に関わっていれば正解！

　A→「技術をコントロールする」に関する記述が何度も出てくる。

> 多くの人びとにとって鉄道はただ客として乗る乗り物に過ぎないが、自動車はそれを自分で運転し、自分のコントロールの下におくということである。

> 多くの人びとが技術を身近に感じ、自分のコントロールの下におくということがいかに重大なことかがよくわかる。

> だが人びとの感覚からすれば、汽車よりも自動車のほうがずっと身近で、日常の道具として使いこなしていることは間違いない。

※日常の道具として使いこなす ＝ コントロールすること

残りの選択肢

　E→本文に「自動車は都市からヒューマン・スケールを奪いとり、都市に騒音と排気ガスを持ち込んだ最大の元凶である」とあり、選択肢の内容と一致するが、本文全体に関わることではない

正解 **A**

4章

SPI-G
性格

SPIの性格検査概要

SPIの性格検査とは

　SPIの性格検査は、企業の風土や職務内容に、受検者がどの程度、適しているかを客観的に診断するための検査です。大きく分けて以下の3つの項目で診断をします。

・職務適応性

　「多くの人と接する仕事」など、さまざまな特徴を持つ職務に対して、受検者がどの程度適しているかを診断します。

・組織適応性

　「創造（重視風土）」などの組織風土に対して、受検者がどの程度適しているかを診断します。

・性格特徴

　受検者の性格にどのような傾向があるかを、行動、意欲、情緒、社会関係の4つの側面で診断します。

性格検査の構成

　SPIの性格検査は、テストの種類、方式に関係なく共通のものが実施されます。ただし、問題数やテスト全体の制限時間は、パソコン受検方式（テストセンター、WEBテスティング、インハウスCBT）とペーパーテストとで異なります。

	テストセンター・WEBテスティング・インハウスCBT		ペーパーテスト	
	質問数	制限時間	質問数	実施時間
第1部	約90問	約12分	93問	3部あわせて 約40分
第2部	約130問	約13分	133問	
第3部	約70問	約11分	74問	

性格検査の形式

SPIの性格検査では、質問の内容が日常の行動や考え方にどの程度当てはまるかを選びます。形式は以下の2種類です。

●第1部と第3部

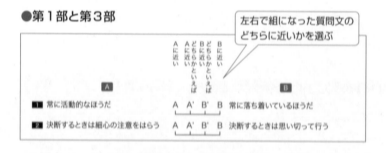

左右で組になった質問文の
どちらに近いかを選ぶ

●第2部

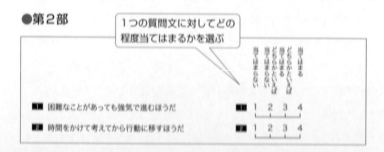

1つの質問文に対してどの
程度当てはまるかを選ぶ

診断は全問回答を前提に行われます。なるべく全問に回答することを心がけましょう。未回答があまりにも多いと、正しい診断結果が出ません。パソコン受検方式では、画面ごとの制限時間があるので注意しましょう。

SPIの性格検査はこう考えよう

求める人物像を知り、どう答えるかを推測する

　企業が応募者に求める人物像は、企業ごと、また職種ごとに違います。ですから、企業は応募者が自社の風土や職務内容に適しているかを重視します。企業にとって、SPIの性格検査は、こうした観点から応募者を客観的に判断するための重要なツールなのです。

　就職・転職活動で大事なのは、自分がその企業の風土や職務内容に合っているかどうかを知ることです。まずは、応募企業が求める人物像を知ることから始めましょう。研究を進めて理解が深まれば、性格検査の質問に対してどう答えればよいのか、推測できるようになってきます。

性格検査は自分を補足説明してくれる資料

　企業にとって、SPIの性格検査は、必ずしも受検者をふるい落とすためのものではありません。その後の面接などの選考過程で、より詳しく受検者の人物面を確認するための資料づくりという側面があります。

　面接官は応募者が自社に適しているか、さまざまな切り口で確認したいと考えています。しかし面接の時間は限られています。客観的な指標に基づいた受検者の診断結果は、応募者を知るための貴重な資料なのです。

　性格検査を受検するときは、ただ「テストさえ通過すればいい」と考えるのではなく、その後の過程で自分を補足説明する資料づくりに協力するつもりで回答しましょう。性格検査も、自分を知ってもらうための手段の1つなのです。

性格検査（第1部、第3部）

左右で組になった質問文に対する回答を選ぶ

【再現問題】

以下の質問は、あなたの日常の行動や考え方にどの程度当てはまるか。最も近い選択肢を1つ選びなさい。

	A		A	A'	B'	B	B
			Aに近い	Aにどちらかといえば近い	Bにどちらかといえば近い	Bに近い	
1	常に活動的なほうだ		A	A'	B'	B	常に落ち着いているほうだ
2	決断するときは細心の注意をはらう		A	A'	B'	B	決断するときは思い切って行う
3	冗談をあまり言わないほうだ		A	A'	B'	B	冗談をよく言うほうだ
4	うまくいかなくてもやり続ける		A	A'	B'	B	うまくいかなければ違う方法を試す
5	他人の意見に従うほうだ		A	A'	B'	B	他人の意見には従わないほうだ
6	気が強いと言われる		A	A'	B'	B	穏やかだと言われる
7	ある分野で抜きん出た存在になりたい		A	A'	B'	B	無理せず自分らしく進みたい
8	失敗してもあまり気にしないほうだ		A	A'	B'	B	失敗するといつまでも気になるほうだ

解　説

性格検査の第1部と第3部では、尺度を測定する質問文が左右で組になって出題される。4つの選択肢から1つを選択することで、尺度の高低がつけられる。自分が質問文のどちらに当てはまるかを考えて回答しよう。

例えば、自分が常に活動的なほうだと思うときは、「Aに近い」を選ぶ。

例えば、自分が常に落ち着いているほうだと思うときは、「Bに近い」を選ぶ。

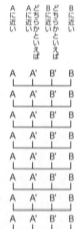

	A					B	
		Aに近い	Aに近いどちらかといえば	Bに近いどちらかといえば	Bに近い		
1 常に活動的なほうだ		A	A′	B′	B	常に落ち着いているほうだ	
2 決断するときは細心の注意をはらう		A	A′	B′	B	決断するときは思い切って行う	
3 冗談をあまり言わないほうだ		A	A′	B′	B	冗談をよく言うほうだ	
4 うまくいかなくてもやり続ける		A	A′	B′	B	うまくいかなければ違う方法を試す	
5 他人の意見に従うほうだ		A	A′	B′	B	他人の意見には従わないほうだ	
6 気が強いと言われる		A	A′	B′	B	穏やかだと言われる	
7 ある分野で抜きん出た存在になりたい		A	A′	B′	B	無理せず自分らしく進みたい	
8 失敗してもあまり気にしないほうだ		A	A′	B′	B	失敗するといつまでも気になるほうだ	

【補足：回答の矛盾について】

ある質問の回答に対して別の質問で矛盾した回答をしても、多少であれば気にする必要はない。1つ1つの質問にきちんと答えることを心がけよう。矛盾した回答をする傾向が非常に強く現れた場合には、報告書にその旨が表示される。これは性格検査としての信頼性にやや欠けることを示すもので、受検者の性格傾向についての注意を示すものではない。

性格検査（第２部）

【再現問題】

以下の質問は、あなたの日常の行動や考え方にどの程度当てはまるか。最も近い選択肢を１つ選びなさい。

		当てはまらない	どちらといえば当てはまらない	どちらといえば当てはまる	当てはまる
1	困難なことがあっても強気で進むほうだ	1	2	3	4
2	時間をかけて考えてから行動に移すほうだ	1	2	3	4
3	ユニークな考え方をするほうだ	1	2	3	4
4	人前で話すときも緊張しないほうだ	1	2	3	4
5	物事を手際よく進めるほうだ	1	2	3	4
6	活発に動きまわるほうだ	1	2	3	4
7	深く考えることが必要な仕事がしたい	1	2	3	4
8	やることが多すぎるとうまくできないのではと不安になる	1	2	3	4

性格検査の第2部では、1つの質問文に対して、4つの選択肢から回答を選択する。

質問文に対して、「当てはまる」「どちらかといえば当てはまる」を選択すると、その質問文の尺度は高くなる。逆に、「当てはまらない」「どちらかといえば当てはまらない」を選択すると、その質問文の尺度は低くなる。

> 例えば、自分が困難に際して強気で進むほうだと思うときは、「当てはまる」を選ぶ。

		当てはまらない	どちらかといえば当てはまらない	どちらかといえば当てはまる	当てはまる
1	困難なことがあっても強気で進むほうだ	1	2	3	4
2	時間をかけて考えてから行動に移すほうだ	1	2	3	4
3	ユニークな考え方をするほうだ	1	2	3	4
4	人前で話すときも緊張しないほうだ	1	2	3	4
5	物事を手際よく進めるほうだ	1	2	3	4
6	活発に動きまわるほうだ	1	2	3	4
7	深く考えることが必要な仕事がしたい	1	2	3	4
8	やることが多すぎるとうまくできないのではと不安になる	1	2	3	4

4章 性格

【補足：性格検査の質問文と尺度】

性格検査の質問文はそれぞれ、尺度に基づいている。尺度とは、受検者の性格傾向などを測定するための切り口（測定基準）のこと。その性格傾向などについて強い傾向が現れたときは尺度が高くなり、逆の場合は尺度は低くなる。

1つの尺度を測るための質問文は複数ある。回答するときは、「この質問文が何の尺度を測るものなのか」を推測しよう。

※性格検査の尺度と、尺度が測定する内容は250ページを参照。

性格検査の結果はこう表示される

「報告書」の性格検査に関する項目

性格検査の結果は、基礎能力検査などの結果とともに、SPIの報告書に表示されます。

SPIの報告書（例）

氏名・年齢	**「応答態度」欄**
基礎能力検査などの得点欄	**「性格特徴」欄** ※受検者の性格特徴を、「行動的側面」「意欲的側面」「情緒的側面」「社会関係的側面」に分けて表示
「職務適応性」欄（新） **「組織適応性」欄** ※14の職務に関する適応性と、企業や配属部署の風土に関する適応性を表示	**「人物イメージ」欄**
コミュニケーション上の注意点（新） ※受検者をタイプごとに分け、面接や選考でのコミュニケーション上の注意点を表示	**「チェックポイントと質問例」欄**（新） ※面接での確認ポイントと質問例を表示

（SPIノートの会調べ）

※ （新）とある項目は、2018年1月のリニューアルで変更があった項目です。

● **「職務適応性」欄**（新）

「多くの人と接する仕事」などのように、職務が14タイプに分けられています。受検者の職務に関する適応性が5段階で表示されます。

● 「組織適応性」欄

「創造（重視風土）」などのように、組織の特徴が4タイプに分けられています。受検者の組織に対する適応性が5段階で表示されます。

● 「コミュニケーション上の注意点」欄 （新）

受検者のタイプと、面接や選考でのコミュニケーション上の注意点が表示されます。

● 「応答態度」欄

質問に対して矛盾の多い回答をする傾向が非常に強く現れた場合に、「自分をよく見せようとしている」という内容の文が表示されます。

● 「性格特徴」欄

受検者の性格特徴が、4つの側面（「行動的側面」「意欲的側面」「情緒的側面」「社会関係的側面」）に分けて表示されます。

● 「人物イメージ」欄

「性格特徴」欄の結果から、受検者のイメージが文章で説明されます。

● 「チェックポイントと質問例」欄 （新）

「性格特徴」で傾向が強く表れている尺度について、面接で確認するためのポイントと具体的な質問例が表示されます。

【2018年1月のリニューアルによる変更点】

・「職務適応性」「組織適応性」と「性格特徴」の位置を入れ替え

・「職務適応性」の14タイプの名称を変更

・「コミュニケーション上の注意点」を新設

・「チェックポイントと質問例」欄に、面接での質問例を追加

性格検査の尺度一覧

14タイプの職務について、受検者がどの程度適しているかが診断されます。

職務適応性のタイプ	どんな職務か
関係構築	多くの人と接する仕事
交渉・折衝	人との折衝・交渉が多い仕事
リーダーシップ	リーダーとして集団を統率する仕事
チームワーク	周囲と協調・協力して進める仕事
サポート	人に気を配ったり、人のサポートをする仕事
フットワーク	フットワークよく進める仕事
スピード対応	スピーディーに手際よく進める仕事
柔軟対応	計画・予定にはないできごとへの対応が多い仕事
自律的遂行	自分で考え、自律的に進める仕事
プレッシャー耐性	目標達成へのプレッシャーの大きな仕事
着実遂行	粘り強く着実に進める仕事
発想・チャレンジ	まったく新しいことに取り組む仕事
企画構想	新しい企画・アイデアを考え出す仕事
問題分析	複雑な問題を分析する仕事

(SPIノートの会調べ)

「組織適応性」

4タイプの組織風土について、受検者がどの程度適しているかが診断されます。

組織適応性のタイプ	どんな組織か
創造（重視風土）	・革新的な考えや、創造に対して積極的な組織 ・風通しが良く、積極的に議論をする組織 ・社員が新しいことに挑戦することを受け入れる組織
結果（重視風土）	・各自に高い目標の達成を求める競争的な組織 ・各自の成果・責任が明確な組織 ・合理性を重んじ、意思決定が速い組織
調和（重視風土）	・人の和を重視しつつ、着実に進める組織 ・面倒見がよく、チームプレーを強みとする組織 ・家庭的で温かみのある組織
秩序（重視風土）	・明確なルールに従って、秩序だった意思決定をする組織 ・合理的な判断が強みの組織 ・計画的で、手堅く仕事を進める組織

(SPIノートの会調べ)

「性格特徴」（社会関係的側面を含む）

受検者の性格特徴です。その項目について強い傾向が現れたときは尺度が高くなり、逆の場合は尺度は低くなります。

性格特徴の4項目	尺度	測定内容
行動的側面 行動としてあらわれやすい性格特徴を測定。	社会的内向性	対人的に消極的か積極的か
	内省性	物事を深く考えるかどうか
	身体活動性	体を動かし、気軽に行動するか
	持続性	困難があっても、あきらめずに頑張り抜くか
	慎重性	先行きの見通しをつけながら、慎重に物事を進めるか
意欲的側面 目標の高さやエネルギーの大きさを測定。	達成意欲	大きな目標を持ち、第一人者になることに価値を置くか
	活動意欲	行動や判断が機敏で意欲的か
情緒的側面 行動にあらわれづらい性格特徴を測定。	敏感性	神経質で、周囲に敏感か
	自責性	不安を感じたり、悲観的になりやすいか
	気分性	気分に左右されやすく、感情が表にあらわれやすいか
	独自性	独自の物の見方・考え方を大切にするか
	自信性	自尊心が強く、強気か
	高揚性	調子がよく、楽天的か
社会関係的側面 周囲の人と関わりあう際の特徴を測定。厳しい状況であらわれやすい。	従順性	他人の意見に従うか
	回避性	他人との対立やリスクを避けるか
	批判性	自分と異なる意見に対して批判的か
	自己尊重性	自分の考えに沿って物事を進めるか
	懐疑思考性	他人との間に距離を置こうとするか

（SPIノートの会調べ）

4章
性格

【SPIの診断項目はどのように変わってきたか】

　SPIは、SPI2、SPI3と大きなリニューアルを2度行っています。そのつど、性格検査では診断項目の増減がありました。

　初期のSPIの性格検査の診断項目は「性格特徴」「性格類型」でした。受検者がどのような性格なのかに焦点を当てて確認するテストといえます。

　SPIは2002年にSPI2にリニューアルします。このとき性格検査に「職務適応性」が追加され、「性格類型」が廃止されました。受検者の性格に加え、仕事に対する適応性を確認する検査になったのです。

　SPI2の登場後、ITの進展やグローバル化など企業を取り巻く環境は変化し、社員に要求される仕事の難易度は高まりました。しかし、企業は以前に比べ、人材育成に時間を割くことが難しくなっています。その結果、若手社員の組織への不適応が大きな問題になりました。これを受けて登場したのがSPI3の新項目「社会関係的側面」「組織適応性」です。これにより、SPI3では、受検者が自分を取り巻く社会や組織にどのような適応性があるかを客観的に確認できる検査になりました。

SPI	SPI2 (2002～)	SPI3 (2013～)
性格特徴	性格特徴	性格特徴※
性格類型	職務適応性	職務適応性
		組織適応性

※社会関係的側面が追加

5章

その他の転職者用・採用テスト

SPI以外の採用テスト

　転職者が最初に対策すべきは「SPI」ですが、これだけで採用テスト対策が完璧というわけではありません。企業によっては「SPI」とは異なる採用テストを実施するところもあります。

　この章では、SPI以外の、転職者に実施される採用テストを紹介します。「SPI」とあわせて、志望職種や業界に応じたテスト対策をしてください。

SPI以外でよく使われている採用テスト一覧

テスト名	テスト会社	概要	受検方式
玉手箱	日本エス・エイチ・エル（SHL社）	自宅受検型でシェアNo.1の総合適性テスト。	自宅受検 テストセンター（C-GAB）
Web-CAB （ウェブキャブ）		コンピュータ職の適性を診断するテスト。	ペーパーテスト（CAB） 自宅受検 テストセンター（C-CAB）
GAB（ギャブ）		総合適性テスト。玉手箱の元になった。 ※ GABの制限時間を短くし、難易度を高めた「GAB Compact」もある。	ペーパーテスト
TG-WEB （ティージーウェブ）	ヒューマネージ	有力・人気企業でよく使われている採用テスト。	自宅受検 テストセンター
SCOA（スコア）	NOMA総研	有力・人気企業で長年使われている、伝統ある採用テスト。	ペーパーテスト テストセンター
CUBIC （キュービック）	CUBIC	総合的な適性テスト。業界を問わず多くの企業で使用されてきた実績がある。	ペーパーテスト 自宅受検
TAP（タップ）	日本文化科学社	ペーパーテストとして長く使われてきた実績がある採用テスト。	ペーパーテスト 自宅受検
内田クレペリン	日本・精神技術研究所	運輸業界など特定の業界・職種でよく使われる採用テスト。	ペーパーテスト
事務処理テスト	リクルートマネジメントソリューションズ、SHL社など	一般職・事務職採用で使われる採用テスト。	ペーパーテスト

※「受検方式」の「自宅受検」は自宅などのパソコンで受けるWebテストのことです。
　また、「テストセンター」は専用の会場に出向いてパソコンで受けるWebテストのことです。

採用テスト情報は事前に入手できる！

　すべての採用テストの対策をするのは、現実的ではありません。効率的な対策は、志望する企業が実施するテストを調べて、そのテストの対策から始めることです。そのために活用できるのが、以下の2冊です。

● 電子書籍版『この業界・企業でこの「採用テスト」が使われている！』（講談社）

　新卒向けですが、多数の企業の情報を掲載しています。新卒と転職者に同じ採用テストを実施する企業も多いので、一読をおすすめします。

● 『就職四季報』（東洋経済新報社）

　こちらも新卒向けですが、企業アンケートに基づいて、実施テスト名が掲載されています。掲載企業の中でも、企業側がテスト名を公開している場合に限られますが、貴重な情報源です。年度版で刊行されています。

　なお、志望企業がこれらの書籍に掲載されていないときは、同業他社で多く実施されているテストから対策を始めるとよいでしょう。採用テストは職種や対象に応じて作られているため、同じ業種や職種で同じ採用テストが使われる傾向があります。

【新型コロナウイルス感染症の影響で、方式変更の動きも】

2020年以降の採用では、新型コロナウイルス感染症の影響のため、例年テストセンターやペーパーテストを実施している企業で、自宅受検型Webテストに変更する動きが見られます。同系列の自宅受検型Webテストの対策もしておきましょう。

自宅受検型でシェアNo.1の「玉手箱」

「玉手箱」は自宅受検型WebテストでシェアNo.1のテストです。商社や金融、コンサルティング業界など多くの業界で使われています。

玉手箱は、言語、計数、英語の能力テストと、性格テストで構成されています。言語、計数、英語にはそれぞれ複数の種類の問題形式があります。

玉手箱のテストセンター版が「C-GAB」です（2013年8月登場）。

■「計数」の例題①（図表の読み取り）

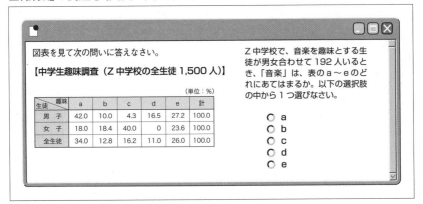

図表を見て次の問いに答えなさい。

【中学生趣味調査（Z中学校の全生徒 1,500人）】

（単位：%）

生徒＼趣味	a	b	c	d	e	計
男 子	42.0	10.0	4.3	16.5	27.2	100.0
女 子	18.0	18.4	40.0	0	23.6	100.0
全生徒	34.0	12.8	16.2	11.0	26.0	100.0

Z中学校で、音楽を趣味とする生徒が男女合わせて192人いるとき、「音楽」は、表のa～eのどれにあてはまるか。以下の選択肢の中から1つ選びなさい。

○ a
○ b
○ c
○ d
○ e

■「計数」の例題②（四則逆算）

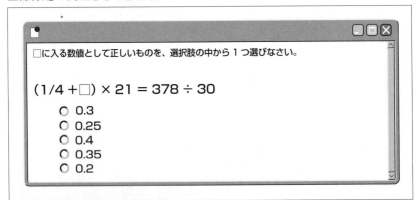

□に入る数値として正しいものを、選択肢の中から1つ選びなさい。

$(1/4 + \square) \times 21 = 378 \div 30$

○ 0.3
○ 0.25
○ 0.4
○ 0.35
○ 0.2

■「計数」の例題③（表の空欄の推測）

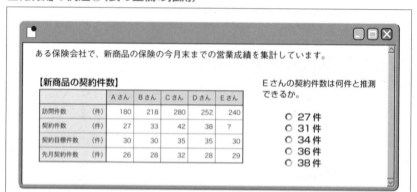

ある保険会社で、新商品の保険の今月末までの営業成績を集計しています。

【新商品の契約件数】

		Aさん	Bさん	Cさん	Dさん	Eさん
訪問件数	（件）	180	218	280	252	240
契約件数	（件）	27	33	42	38	?
契約目標件数	（件）	30	30	35	35	30
先月契約件数	（件）	26	28	32	28	29

Eさんの契約件数は何件と推測できるか。

- ○ 27件
- ○ 31件
- ○ 34件
- ○ 36件
- ○ 38件

■「言語」の例題①（論理的読解）

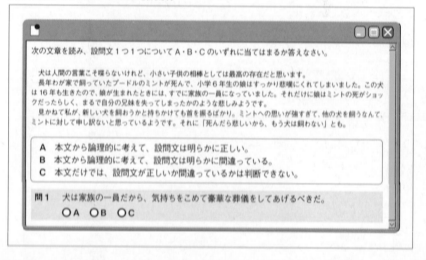

次の文章を読み、設問文1つ1つについてA・B・Cのいずれに当てはまるか答えなさい。

　犬は人間の言葉こそ喋らないけれど、小さい子供の相棒としては最高の存在だと思います。
　長年わが家で飼っていたプードルのミントが死んで、小学6年生の娘はすっかり悲嘆にくれてしまいました。この犬は16年も生きたので、娘が生まれたときには、すでに家族の一員になっていました。それだけに娘はミントの死がショックだったらしく、まるで自分の兄妹を失ってしまったかのような悲しみようです。
　見かねて私が、新しい犬を飼おうかと持ちかけても首を振るばかり。ミントへの思いが強すぎて、他の犬を飼うなんて、ミントに対して申し訳ないと思っているようです。それに「死んだら悲しいから、もう犬は飼わない」とも。

A　本文から論理的に考えて、設問文は明らかに正しい。
B　本文から論理的に考えて、設問文は明らかに間違っている。
C　本文だけでは、設問文が正しいか間違っているかは判断できない。

問1　犬は家族の一員だから、気持ちをこめて豪華な葬儀をしてあげるべきだ。
　　○A　○B　○C

■「言語」の例題②（趣旨判定）

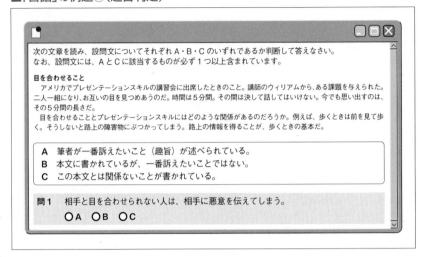

次の文章を読み、設問文についてそれぞれ A・B・C のいずれであるか判断して答えなさい。
なお、設問文には、A と C に該当するものが必ず 1 つ以上含まれています。

目を合わせること
　アメリカでプレゼンテーションスキルの講習会に出席したときのこと。講師のウィリアムから、ある課題を与えられた。二人一組になり、お互いの目を見つめあうのだ。時間は 5 分間。その間は決して話してはいけない。今でも思い出すのは、その 5 分間の長さだ。
　目を合わせることとプレゼンテーションスキルにはどのような関係があるのだろうか。例えば、歩くときは前を見て歩く。そうしないと路上の障害物にぶつかってしまう。路上の情報を得ることが、歩くときの基本だ。

A	筆者が一番訴えたいこと（趣旨）が述べられている。
B	本文に書かれているが、一番訴えたいことではない。
C	この本文とは関係ないことが書かれている。

問1　相手と目を合わせられない人は、相手に悪意を伝えてしまう。
　　　　○A　○B　○C

■「英語」の例題①（長文読解）

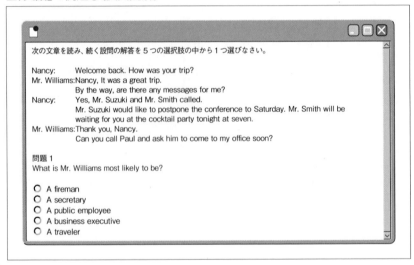

次の文章を読み、続く設問の解答を 5 つの選択肢の中から 1 つ選びなさい。

Nancy: Welcome back. How was your trip?
Mr. Williams:Nancy, It was a great trip.
　　　　By the way, are there any messages for me?
Nancy: Yes, Mr. Suzuki and Mr. Smith called.
　　　　Mr. Suzuki would like to postpone the conference to Saturday. Mr. Smith will be waiting for you at the cocktail party tonight at seven.
Mr. Williams:Thank you, Nancy.
　　　　Can you call Paul and ask him to come to my office soon?

問題 1
What is Mr. Williams most likely to be?

○ A fireman
○ A secretary
○ A public employee
○ A business executive
○ A traveler

■「英語」の例題②（論理的読解）

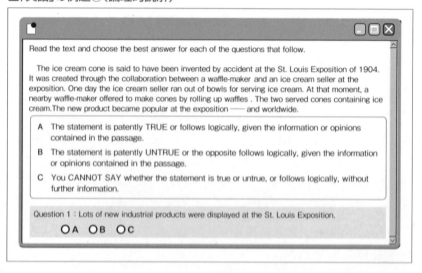

Read the text and choose the best answer for each of the questions that follow.

The ice cream cone is said to have been invented by accident at the St. Louis Exposition of 1904. It was created through the collaboration between a waffle-maker and an ice cream seller at the exposition. One day the ice cream seller ran out of bowls for serving ice cream. At that moment, a nearby waffle-maker offered to make cones by rolling up waffles . The two served cones containing ice cream.The new product became popular at the exposition —— and worldwide.

A The statement is patently TRUE or follows logically, given the information or opinions contained in the passage.

B The statement is patently UNTRUE or the opposite follows logically, given the information or opinions contained in the passage.

C You CANNOT SAY whether the statement is true or untrue, or follows logically, without further information.

Question 1 : Lots of new industrial products were displayed at the St. Louis Exposition.

    ○A ○B ○C

玉手箱、C-GABの対策は➡『これが本当のWebテストだ！①』（講談社）

5章　その他のテスト

コンピュータ職には必須の「Web-CAB」

「Web-CAB」は、コンピュータ職の適性を診断するWebテストです。情報処理・システム業界を中心に、コンピュータ職の採用に幅広く使われています。Web-CABは四則逆算、法則性、命令表、暗号の能力テストと、性格テストで構成されています。

Web-CABのペーパーテスト版が「CAB」です。CABでは、Web-CABの四則逆算が暗算に変わります。

Web-CABには、テストセンター版（C-CAB）もあります。

■「暗算」の例題（CAB）

【問】以下の計算問題を暗算で解き、正解と思われるものを選択肢から1つ選びなさい。

【例題1】 $78 \times 32 \times 19$

A：732　　　B：72512　　　C：7424　　　D：1322　　　E：47424

【例題2】 435の62%

A：269.7　　　B：12.9　　　C：129　　　D：1290　　　E：549

■「法則性」の例題

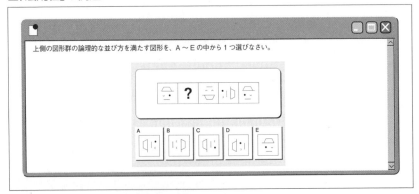

■「命令表」の例題

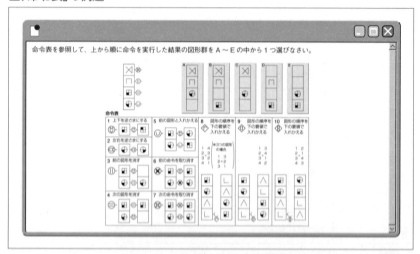

■「暗号」の例題

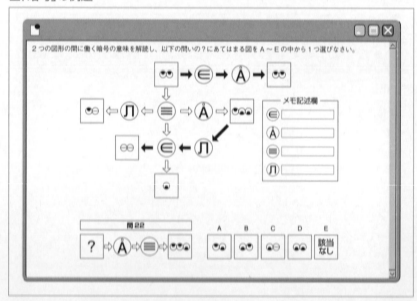

Web-CAB、CABの対策は➡『これが本当のCAB・GABだ！』（講談社）

商社・証券・総合研究所で実施される「GAB」

「GAB」は「玉手箱」の元になった総合適性テストです。

GABは言語と計数の能力テストと、性格テストで構成されています。言語は長文を読んで論理的な正誤を答える形式、計数は複数の図表を読み取って問題に答える形式です。

GABの制限時間を短くし、難易度を高めた「GAB Compact」というテストもあります。

■「言語」の例題（論理的読解）

【問】本文を読み、設問文それぞれについて、A・B・Cのいずれに当てはまるかを判断しなさい。

> 「あなたの趣味は何ですか？」と聞かれたら、私は間違いなく「旅行です」と答える。
> 　そして、旅は列車にかぎる、と思うのは私だけだろうか。たとえば同じ地域を列車と自動車で移動してみると、車窓から見える風景は列車のほうが確実におもしろい。自動車の場合はことに近年、高速道路や幹線道路が全国的に整備されたせいで、どこを走っ

【設問文】

1. 列車の旅はおもしろい。

　　　　　A　　　B　　　C

2. 自動車からながめる山や川に、日本の風景の素晴らしさを味わうことができる。

　　　　　A　　　B　　　C

A：本文から論理的に考えて、設問文は明らかに正しい。

B：本文から論理的に考えて、設問文は明らかに間違っている。

C：本文だけでは、設問文が正しいか間違っているかは判断できない。

■「計数」の例題（図表の読み取り）

【問】与えられた図表から数値を読み取り、選択肢から答えを1つ選びなさい。

〔1〕Z国の対アメリカ向けの輸出取引高を日本円に換算したとき、2002年と2003年の金額が同額になったとすると、2003年の円相場は2002年に比べておよそいくら円高もしくは円安であると考えられるか。最も近いものを以下の選択肢の中から1つ選びなさい。

ただし、2002年のレートを1ドル＝105円とする。

　　A　3円円高　　　　B　4円円高　　　　C　5円円高

　　D　4円円安　　　　E　3円円安

〔2〕平成15年度の総資産は平成14年度のそれと比べておよそ何億円増加したか。最も近いものを以下の選択肢の中から1つ選びなさい。

　　A　17000億円　　　B　12600億円　　　C　14000億円

　　D　22300億円　　　E　30800億円

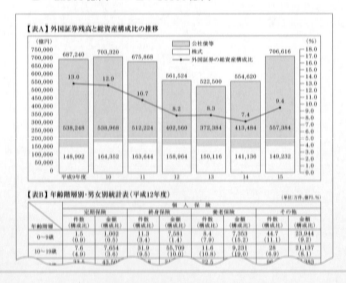

【表A】外国証券残高と総資産構成比の推移

【表B】年齢階層別・男女別統計表（平成12年度）

GAB（GAB Compact）の対策は➡『これが本当のCAB・GABだ！』（講談社）

5章　その他のテスト

〔5章〕その他のテスト──263

有力・人気企業でよく使われている「TG-WEB」

「TG-WEB」は、有力・人気企業でよく使われている自宅受検型Webテストです。言語、計数、英語の能力テストと、性格テストで構成されています。言語と計数には、多くの企業で実施されている「標準型」と、問題数が多く、制限時間が比較的短い「時短型」があります。

TG-WEBのテストセンター版が「ヒューマネージ社のテストセンター」です（2013年7月登場）。

■「計数」の例題①（標準型）

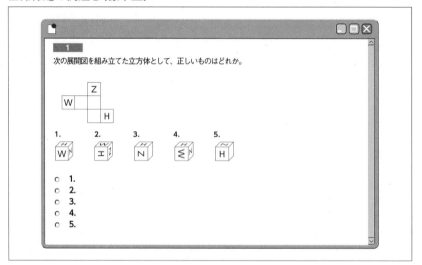

■「計数」の例題②（時短型）

```
┌──────────────────────────────────────────┐
│ ■                              [_][□][✕] │
│  ┌─ 2 ─┐                                   │
│  次の表は、ある町の面積と人口密度を表したものである。最も人口が多いのはどの町か。 │
│                                            │
│         面積（km²）  人口密度（人/km²）    │
│   A町      35           457                │
│   B町      76           685                │
│   C町      84           712                │
│   D町      52           384                │
│   E町      69           593                │
│                                            │
│   ○ 1. A町                                 │
│   ○ 2. B町                                 │
│   ○ 3. C町                                 │
│   ○ 4. D町                                 │
│   ○ 5. E町                                 │
└──────────────────────────────────────────┘
```

■「言語」の例題（標準型）

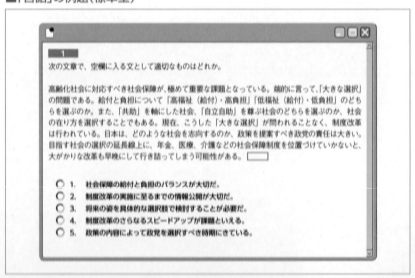

```
┌──────────────────────────────────────────┐
│ ■                              [_][□][✕] │
│  ┌─ 1 ─┐                                   │
│  次の文章で、空欄に入る文として適切なものはどれか。 │
│                                            │
│  高齢化社会に対応すべき社会保障が、極めて重要な課題となっている。端的に言って、「大きな選択」 │
│  の問題である。給付と負担について「高福祉（給付）・高負担」「低福祉（給付）・低負担」のどち │
│  らを選ぶのか。また、「共助」を軸にした社会、「自立自助」を尊ぶ社会のどちらを選ぶのか、社会 │
│  の在り方を選択することでもある。現在、こうした「大きな選択」が問われることなく、制度改革 │
│  は行われている。日本は、どのような社会を志向するのか、政策を提案すべき政党の責任は大きい。 │
│  目指す社会の選択の延長線上に、年金、医療、介護などの社会保障制度を位置づけていかないと、 │
│  大がかりな改革も早晩にして行き詰ってしまう可能性がある。□□□□ │
│                                            │
│  ○ 1. 社会保障の給付と負担のバランスが大切だ。 │
│  ○ 2. 制度改革の実施に至るまでの情報公開が大切だ。 │
│  ○ 3. 将来の姿を具体的な選択肢で検討することが必要だ。 │
│  ○ 4. 制度改革のさらなるスピードアップが課題といえる。 │
│  ○ 5. 政策の内容によって政党を選択すべき時期にきている。 │
└──────────────────────────────────────────┘
```

TG-WEB、ヒューマネージ社のテストセンターの対策は➡『これが本当のWebテストだ！②』（講談社）

5章 その他のテスト

有力・人気企業で長年使われている「SCOA」

「SCOA」は、伝統ある大手企業でよく使われている採用テストです。大手
企業、地方銀行、信用金庫、地方自治体など、幅広い業界で使われています。
言語、数理、論理、英語、常識（社会・理科）の能力テストと、性格テスト
で構成されています。

SCOAにはテストセンター版もあります（2015年1月から本格稼働）。

■「論理」の例題

【問】立方体とその展開図がある。立方体を指示された方向に回転させ
たとき、回転後に上の面にアが出ないものはどれか。

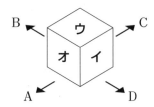

1. C→C→C
2. A
3. A→A
4. B→A
5. D→A

SCOAの対策は➡『これが本当のSCOAだ！』（講談社）

266

多くの企業で使用実績のある「CUBIC」

「CUBIC」は、業界を問わず多くの企業で使われてきた実績のある採用テストです。言語、数理、論理、図形、英語の能力テストと、性格テストで構成されています。能力テストの各科目には、難易度や制限時間の異なる複数のテストがあります。

CUBICには自宅受検型Webテストもあり、実施企業が年々増えています。

■「図形」の例題

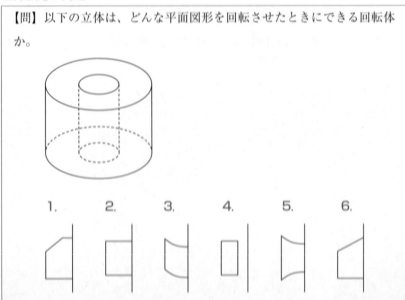

【問】以下の立体は、どんな平面図形を回転させたときにできる回転体か。

1. 2. 3. 4. 5. 6.

CUBICの対策は➡『これが本当のWebテストだ！③』（講談社）

ペーパーテストで長年の実績がある「TAP」

「TAP」は、ペーパーテストとして長く使われてきた実績がある採用テストです。言語、数理、論理の能力テストと、性格テストで構成されています。能力テストでは、一部の科目で体裁などがSPIに似ている問題も出題されます。

TAPには自宅受検型Webテストもあります。

■「数理」の例題

【問】

以下の図の平行四辺形ABCDにおいて、DE：EC = 3：2のとき、BP：PDを求めよ。

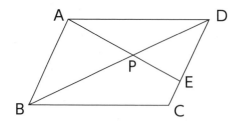

ア　1：1　　　　イ　3：2　　　　ウ　4：3

エ　5：3　　　　オ　6：5

TAPの対策は➡『これが本当のWebテストだ！③』（講談社）

運輸業界などで多く使われている「内田クレペリン」

「内田クレペリン」は、連続加算法で作業能力と性格・行動面の特徴を調べるテストです。運輸業界などで多く使用されています。

■例題

左右の数字の足し算をし、左右の数字の間に、答の1の桁のみ書きこみなさい。

れんしゅう

6 9 4 5 9 2 8 3 4 2 7 8 9 3 9 4 8 3 7 6 5 7 3 9 4 2 9 2 7 2
  5 3 9 4
6 9 4 5 9 2 8 3 4 2 7 8 9 3 9 4 8 3 7 6 5 7 3 9 4 2 9 2 7 2
  1 0 3

設問

6 9 4 5 9 2 8 3 4 2 7 8 9 3 9 4 8 3 7 6 5 7 3 9 4 2 9 2 7 2

8 3 7 6 5 7 3 9 4 2 9 2 7 2 4 9 3 9 4 8 7 5 7 6 9 7 9 8 7

8 4 9 4 8 7 5 7 6 9 7 9 8 7 6 2 6 9 4 5 9 2 8 3 4 2 7 8 9 3

【この例題の数値などは実際の内田クレペリンとは異なります。】

9 2 8 3 4   9 3 9 4 8   5 7 3 9 4 2 9 2 7 2

内田クレペリンの対策は➡電子書籍版『この業界・企業でこの「採用テスト」が使われている！』（講談社）

事務職志望者に実施される「事務処理テスト」

「事務処理テスト」とは、主に伝票処理や受注管理、収支の計算といった定型業務の処理能力を見るための専用のテストです。

代表的な「事務処理テスト」は以下の3つです。

●SPI-R（リクルートマネジメントソリューションズ社製）

●SPI-N（リクルートマネジメントソリューションズ社製）

●OAB（SHL社製）

能力テストでは、情報の分類や照合などが出題されます。

■「SPI-R」の「分類」の例題

ある工場で生産している飲料を以下の規則に従って分類したい。例えば、180mlのガラスボトルの炭酸飲料は、1-1-2と分類される。

内容量	容器の種類	種類
1：200ml未満	1：ガラスボトル	1：果実飲料
2：200ml以上　500ml未満	2：紙容器	2：炭酸飲料
3：500ml以上　1000ml未満	3：プラスチックボトル	3：紅茶飲料
4：1000ml以上　1500ml未満	4：スチール缶	
5：1500ml以上	5：アルミニウム缶	

【問】350mlのプラスチックボトルの果実飲料は、どのように分類されるか。

A　1-2-1　B　1-2-2　C　2-3-1　D　2-3-2
E　3-1-2　F　3-1-3　G　3-2-1　H　3-3-1

■「SPI-R」の「概算」の例題

【問】以下の設問を解いて、答えをA〜Fから選択してください。

297 × 29＝

A　約4000　　　B　約6000　　　　C　約9000　　　　D　約60000

E　約84000　　F　約90000

■「SPI-N」の「照合」の例題

【問】左右の文字・数字・記号が同じなら「同」、異なっていれば「異」を選択してください。

1　k　n　a　p　o　−　k　n　a　p　o　【同】【異】

2　ま　は　り　く　あ　−　ま　は　く　り　あ　【同】【異】

■「SPI-N」の「置換」の例題

【問】「？」に当てはまる数字を、A〜Eから選択してください。

A	B	C	D	E
1	2	5	4	3

$? + C + B = D + C$

回答：A　B　C　D　E

■「OAB」の「注意能力」の例題

【問】1つ1つの伝票について、入力間違いがある項目の数を、回答欄の
A～Eから選択してください。

※伝票のデータは、画面の横方向に入力されています。「No.」と書かれ
ている伝票番号と、表の一番左にある番号を対応させてください。

※間違いの数によって、次のように選択肢を選んでください。

・間違いが1つもないとき→選択肢A

・間違いが1つのとき→選択肢B

・間違いが2つのとき→選択肢C

・間違いが3つのとき→選択肢D

・間違いが4つ以上あるとき→選択肢E

伝 票 No. 1	日 付	2007.3.7
氏名 稲本 五郎	支店 あさひ駅東口	管理No. 0001294
金額 ¥187900		種類 宿泊回数券

回答：A　B　C　D　E

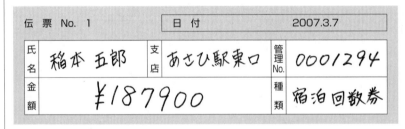

売上データ
営業管理グループ

伝票No.	管理No.	氏	名	種　類	金　額	支店名	担当
1	0001924	稲 本	五 郎	宿泊回数券	189700	あさひ駅西口	谷 原
2	0001972	高 橋	喜一郎	フライトクーポン	259200	新十津河	佐々木
3	0002452	中 井	咲 子	都市間バス回数券	100120	あさひ駅東口	塚 本
4	0002456	蔦	春 男	フライトクーポン	266300	あさひ駅西口	鈴木悟
5	0002474	坂 本	光 子	フライトクーポン	244500	あさひ駅東口	塚 本
6	0003211	土 肥	数 子	宿泊回数券	104000	新十津河	佐々木

事務処理テストの対策は➡ 電子書籍版『この業界・企業でこの「採用
テスト」が使われている！』（講談社）

Webサイトでも貴重な情報をお知らせしています

本書の著者「SPIノートの会」は、独自のWebサイトを開設しています。

https://www.spinote.jp/

就活生、転職志望者、大学就職課、そして、企業の人事担当者にも活用していただける貴重な採用テスト情報・就活情報を公開しています。今後も続々と新情報を掲載しますので、乞うご期待！

【編著者紹介】
SPIノートの会

1997年に結成された就職問題・採用テストを研究するグループ。2002年春に、『この業界・企業でこの「採用テスト」が使われている!』（洋泉社）を刊行し、就職界に衝撃を与える。その後、『これが本当のSPI3だ!』をはじめ、『これが本当のWebテストだ!』シリーズ、『これが本当のSPI3テストセンターだ!』『これが本当のSCOAだ!』『これが本当のCAB・GABだ!』『これが本当の転職者用SPI3だ!』『完全再現NMAT・JMAT攻略問題集』『「良い人材」がたくさん応募し、企業の業績が伸びる　採用の極意』『こんな「就活本」は買ってはいけない!』などを刊行し、話題を呼んでいる。講演依頼はメールでこちらへ　pub@spinote.jp

SPIノートの会サイトでは情報を随時更新中

http://www.spinote.jp/

カバーイラスト＝しりあがり寿
本文イラスト＝草田みかん
DTP作成＝中山デザイン事務所

本書に関するご質問は、下記講談社サイトのお問い合わせフォームからご連絡ください。
サイトでは本書の書籍情報（正誤表含む）を掲載しています。

https://spi.kodansha.co.jp

＊回答には1週間程度お時間をいただく場合がございます。
＊本書の範囲を超えるご質問にはお答えしかねますので、
　あらかじめご了承ください。

本当の就職テストシリーズ
【テストセンター・SPI3-G対応】

これが本当の転職者用SPI3だ! 改訂3版

2021年5月12日　第1刷発行　　2022年8月26日　第2刷発行

編著者	SPIノートの会
発行者	鈴木章一
発行所	株式会社講談社
	東京都文京区音羽2-12-21　〒112-8001
	電話　編集　03-5395-3522
	販売　03-5395-4415
	業務　03-5395-3615
装丁	岩橋直人
カバー印刷	共同印刷株式会社
印刷所	株式会社新藤慶昌堂
製本所	株式会社国宝社

KODANSHA

© SPI notenokai 2021, Printed in Japan

ISBN978-4-06-523179-1　N.D.C. 307.8　273p　21cm